KATHRYN KRICK

Recibe tu libertad

CLAVES PARA SER LIBRE DE LA OPRESIÓN DEMONÍACA

Para vivir la Palabra

MANTENGAN LOS OJOS ABIERTOS,
AFÉRRENSE A SUS CONVICCIONES,
ENTRÉGUENSE POR COMPLETO,
PERMANEZCAN FIRMES,
Y AMEN TODO EL TIEMPO.
—1 Corintios 16:13-14 (Biblia El Mensaje)

Recibe Tu Libertad por Kathryn Krick
Publicado por Casa Creación
Miami, Florida
www.casacreacion.com

ISBN: 978-1-966427-26-1
E-Book ISBN: 978-1-966427-27-8

Desarrollo editorial: *Grupo Nivel Uno, Inc.*
Adaptación de diseño interior y portada: *Grupo Nivel Uno, Inc.*

Publicado originalmente en inglés bajo el título:
Unlock Your Deliverance
Publicado por Charisma House
1150 Greenwood Blvd., Lake Mary, Florida 32746

Visite el sitio web de la autora en apostlekathrynkrick.com.

Nota de la editorial: Aunque el autor hizo todo lo posible por proveer teléfonos y páginas de internet correctos al momento de la publicación de este libro, ni la editorial ni el autor se responsabilizan por errores o cambios que puedan surgir luego de haberse publicado.

Impreso en Colombia
25 26 27 28 29 LBS 9 8 7 6 5 4 3 2 1

Contenido

INTRODUCCIÓN

Ni en mis sueños más delirantes habría imaginado, diez años antes de que escribiera esto, que haría un libro para ayudar a las personas a recibir liberación. Hace una década, ni siquiera sabía qué era eso. Toda mi vida fui creyente. Mi primer recuerdo se remonta a los cuatro años, cuando acepté a Jesús como mi Señor y Salvador. A mediados de mis veintes, me di cuenta de que Dios obra con poder en la actualidad, tal como lo hizo en los evangelios y en la iglesia de los Hechos. Presencié sanidades, vi demonios expulsados de las personas y fui bautizada en el Espíritu Santo.

Al entender el inmenso amor de Dios, experimenté su poder tangiblemente, lo que me llevó a rendirle todo mi ser. Esa entrega me preparó para una cita divina, en septiembre de 2016, que cambiaría mi vida para siempre. Al asistir a una conferencia de sanidad profética, un profeta llamado Dr. GeorDavie predijo que yo era llamada a ser apóstol de Jesucristo; fui llamada a alcanzar las naciones y ser un instrumento del poder de Dios, obrando milagros. Al escuchar esa profecía, me sentí incómoda e incompetente. Nunca tuve el deseo de predicar; además de que hablar en público era mi principal temor y mi mayor debilidad. Me sentí como Moisés cuando le dijo a Dios: "Señor, yo nunca me he distinguido por mi facilidad de palabra" (Éxodo 4:10). Sin embargo, lo único que quería era seguir la voluntad de Dios, así que —simplemente— obedecí y abandoné mi aspiración de entonces, ya que quería ser cantautora cristiana.

Nueve meses después de recibir la profecía, comencé una congregación (en Los Ángeles, ahora conocida como 5F Church [Iglesia del Ministerio Quíntuple]) que, durante los primeros cuatro años, fue pequeña y aun así se redujo. Entre tanto, recordaba la profecía y confiaba en que Dios cumpliría su promesa. El 30 de diciembre de 2020, publiqué un video de un minuto en TikTok con momentos en los que el poder de Dios se manifestaba en 5F Church. Al final del video, también oré por los oprimidos. Ese video alcanzó el millón de visitas para mi trigésimo cumpleaños, el 1 de enero. Aún más impactante fue el hecho de que miles de personas comentaron sobre los milagros que recibieron al verlo (fueron liberados del dolor, la enfermedad y la opresión).

A partir de entonces, más videos míos se hicieron virales y —en cada transmisión en vivo— ocurrían milagros, lo que hizo que la audiencia creciera rápidamente. Para mediados de marzo, la iglesia ascendió de un par de personas a unas veinte. El 21 de marzo de 2021, un demonio se manifestó en una mujer que viajó por todo Estados Unidos para asistir a la iglesia. Por la gracia y el poder de Dios, cuando le ordené al demonio que saliera de ella, este la abandonó. Ese fue el primer demonio que se manifestó en mi ministerio y la primera vez que uno de ellos fue expulsado cuando ministraba. El video de su liberación se volvió viral y, a partir de entonces, la noticia de lo que estaba ocurriendo en 5F Church se difundió rápidamente. Las liberaciones continuaron manifestándose cada semana y, para el 30 de mayo, la iglesia ya contaba con trescientos miembros; de forma que el avivamiento sobrepasó nuestros sueños más grandes.

Desde ese memorable día, han viajado personas desde todo Estados Unidos y de todos los confines del mundo —cada semana— solo para experimentar el avivamiento y encontrar el poder de Dios en la congregación 5F Church, en Los Ángeles. Este avivamiento se ha expandido por todo el globo, ya que he ministrado en muchas naciones y más de un millón de personas lo han visto en las redes sociales. En los últimos años, he visto liberaciones y sanidades masivas en cada evento, con miles de asistentes. Me asombra la magnitud e inmensidad del poder de Dios, ya que los milagros que ocurren en la iglesia, en los eventos de avivamiento, en las conferencias y en línea son incontables, además de que suceden cada semana. Doy toda la gloria a Dios y estoy verdaderamente impresionada por lo que él ha hecho con mi vida. Me siento honrada cada día por ser parte de su obra en la tierra y por servirle.

¡Estamos viviendo en los tiempos por los que oraron tanto nuestros antepasados! Dios ha traído avivamiento al mundo. Ha derramado su unción (su poder) y ha comenzado el proceso de restaurar muchos aspectos de la iglesia de Hechos que se habían desatendido —en gran medida— en el cuerpo de Cristo. Ha derramado una preciosa revelación de "vino nuevo" que fue reemplazada por la religión del "vino viejo" e iglesias llenas de hijos de Dios tibios y oprimidos. *Recibe tu libertad* es parte de su avivamiento. Dios me ha confiado los secretos de la unción y las llaves del reino divino que han de liberar a los oprimidos. Estas preciosas llaves se desatan en este libro para que tú también seas liberado y ayudes a otros a ser libres.

Si no estás experimentando una libertad total y hasta es probable que te sientas oprimido por adicciones, depresión, ansiedad, insomnio, enfermedades, trastorno de estrés postraumático, efectos de traumas, pensamientos suicidas, estancamiento u otros problemas, ¡el momento de tu libertad es ahora! Si quieres ayudar a otros a ser libres pero no sabes cómo hacerlo, Dios está a punto de abrir tus ojos espirituales y equiparte para ayudarte a liberar a los oprimidos. Me emociona mucho lo que Dios hará a través de estas páginas. ¡Creo que tu vida está a punto de cambiar para siempre!

Capítulo 1

¿QUÉ ES LA LIBERACIÓN?

CUANDO OBSERVAS EL ministerio de Jesús, notas que hay tres componentes principales que se destacan: que él predicó acerca de su reino, que sanó a los enfermos y que expulsó demonios. En los evangelios, encontramos a Jesús desplegando —constantemente— su poder para destruir las obras del diablo. Aun cuando a veces eso incluía resucitar muertos, a menudo implicaba la expulsión de demonios. Marcos 1:39 describe su ministerio de la siguiente manera: "Así que recorrió toda Galilea predicando en las sinagogas y expulsando a los demonios".

Él no solo predicaba. *También* expulsaba demonios.

Algunas veces, un demonio hablaba a través de determinada persona mientras Jesús predicaba en una sinagoga. En otras ocasiones, cuando un individuo poseído por un demonio se acercaba al Maestro, se manifestaban otros demonios; pero Jesús los expulsaba. En cierta oportunidad, un padre llevó a su hijo atormentado ante el Señor; este lo liberó de un espíritu demoníaco mudo y, entonces, el niño pudo hablar.

La liberación era un elemento crucial del ministerio de Jesús. Por tanto, él ha llamado a sus seguidores —nosotros— a hacer las *mismas obras* que él hizo (Juan 14:12). Comisionó a sus discípulos originales para hacer esas obras, como nos autoriza hoy para que hagamos lo mismo. "Reunió a sus doce discípulos y les dio autoridad para expulsar a los espíritus malignos y sanar toda enfermedad y toda dolencia" (Mateo 10:1).

Jesús incluso prometió que "estas señales acompañarán a los que crean: en mi nombre expulsarán demonios, hablarán en nuevas lenguas, tomarán serpientes con sus manos y, cuando beban algo venenoso, no les hará daño alguno; pondrán las manos sobre los enfermos y estos recobrarán la salud" (Marcos 16:17-18).

En el Libro de los Hechos encontramos a los discípulos poniendo en práctica estas palabras de Jesús: la Gran Comisión. Además de predicar el evangelio, constantemente expulsaban demonios, sanaban enfermos y, en ocasiones, hasta resucitaban muertos. La expulsión de demonios no era un aspecto menor; era tan integral para su ministerio como lo fue para el de Jesús.

No hay ninguna escritura que diga: "Los demonios solo se han de expulsar en la iglesia del primer siglo, después no habrá tal necesidad". Hoy requerimos tanto de la liberación como la necesitaron las personas hace dos mil años en la época de Jesús y de la iglesia de los Hechos. Jesús es el mismo ayer, hoy y siempre (Hebreos 13:8), y se preocupa por liberar a los cautivos tanto en nuestros días como cuando anduvo en la tierra.

> El Espíritu del Señor está sobre mí, por cuanto me ha ungido para anunciar buenas noticias a los pobres. Me ha enviado a proclamar libertad a los cautivos y dar vista a los ciegos, a poner en libertad a los oprimidos.
>
> —LUCAS 4:18

¿QUÉ SON LOS DEMONIOS Y QUIÉN ES EL DIABLO?

Un demonio es un ángel caído. Los demonios también se conocen como "espíritus inmundos", "espíritus demoníacos" y

—simplemente— "espíritus", y son los responsables de lo que se denomina "opresión demoníaca". El diablo, que también es un ángel caído, era el líder de la adoración en el cielo. Su posición de liderazgo, tras su defenestración, derivó en una jerarquía corrupta. En otros términos, posee el mayor poder sobrenatural demoníaco; sus demonios le sirven y son poseedores de poderes malignos asombrosos, aunque menores. Con todo y eso, sus poderes demoníacos pueden ser muy fuertes en las personas que no están equipadas ni capacitadas para combatir las estratagemas del diablo. El poder de Jesús es mucho mayor que cualquier otro que tengan el diablo o sus demonios. Pero si los creyentes no emplean el poder que Jesús les concede, la potestad demoníaca puede triunfar sobre ellos en cuanto a causar opresión en sus vidas. Por tanto, la liberación es expulsar uno o más demonios de una persona que sufre opresión satánica.

El diablo tergiversa los principios de Dios, usándolos para el mal. Él sabe que esos principios funcionan. Sabe que son leyes espirituales. Pongamos por caso el principio que dice: "Cada uno cosecha lo que siembra" (Gálatas 6:7), el cual puede usarse para bien o para mal. El diablo desea que las personas siembren el mal y, a la misma vez, sean agentes de él para propagarlo en este mundo. Si los individuos se llenan de oscuridad, la impartirán a otros. Esto puede manifestarse en muchas maneras, como —por ejemplo— maldecir y hablar mal de las personas o cometer actos malvados contra ellas, robar a los demás o abusar de ellos. Si alguien anda con individuos que hacen cosas malas, ese estilo de vida perverso y demoníaco entrará en la persona y entonces hará el mal a los demás.

El diablo tiene un reino, al igual que Dios tiene el suyo. El reino de Dios trae vida, pero el del diablo genera muerte. Dios usa ángeles y vasos (o instrumentos) humanos para llevar a cabo sus obras. El diablo emplea demonios y vasos humanos para realizar las suyas. Dios confía su unción (su poder) a vasos que se entregan a él y se han comprometido a servirle. Entonces sus vasos hacen lo que él les ordena, impartiendo la unción a otros para expulsar demonios, sanar enfermos y predicar el evangelio.

El diablo también usa a personas dispuestas a servirle, generalmente por lo que puedan obtener como retribución: poder, fama, dinero. El maligno puede darles estas cosas porque ciertamente posee poder sobrenatural. Sin embargo, estos "dones" del diablo siempre acarrean tristeza, mientras que los dones de Dios siempre vienen sin tristezas.

> La bendición del Señor trae riquezas que no vienen acompañadas de tristezas.
>
> —Proverbios 10:22

Los "dones" del diablo no vienen con garantía de protección, él los arrebata en cualquier momento. Y pueden venir acompañados de espíritus inmundos que impiden que quien los reciba disfrute de esos "dones" por causa del tormento que generan. El diablo, además, puede exigir un sacrificio maligno a quien los reciba.

Cuando el maligno usa a las personas como instrumentos o agentes, estas se convierten en brujas y hechiceros. Los términos *bruja* y *brujo* describen a quienes usan poderes demoníacos para cumplir los planes del diablo. Las brujas y los brujos existen hoy; no son solo personajes imaginarios que vemos en películas y libros. En su mayoría, actúan de forma encubierta porque la verdad de lo que hacen no sería atractiva para la sociedad en general.

El diablo solo triunfa mediante el uso de mentiras y engaños. Las brujas y los brujos engañan a muchos, haciendo parecer que lo que hacen es bueno, cuando —en verdad— lo que hacen es darles rienda suelta a los demonios. Por ejemplo, una psíquica es —en realidad— una bruja que usa poderes sobrenaturales demoníacos para acceder a los secretos de la vida de una persona. Un demonio puede seguir a una persona y conocer sus hábitos y los detalles de su vida. Luego, ese demonio informará al psíquico mientras la persona está sentada allí recibiendo su "lectura". Cuando alguien acude a un psíquico, técnicamente está dándoles acceso a los poderes demoníacos para que hablen y actúen en su vida. En el ámbito espiritual, esa acción abre la puerta al enemigo y le da la autoridad para ejercer opresión demoníaca. De forma que, algunos demonios, se acercan a las personas a través de los psíquicos. El psíquico nunca ayuda a la persona, al contrario, le transfiere demonios.

El reino del diablo se compone de demonios y agentes demoníacos (brujas y hechiceros) que llevan a efecto sus obras. Su agenda es contraria a la de Dios. El imperio del diablo trae muerte y su propósito es robar, matar y destruir (Juan 10:10).

La mayor obra del diablo, en la que tiene más éxito, es cuando los demonios entran en las personas. Por ejemplo, cuando un demonio de adicción entra en una persona, esta se siente oprimida y es como si una cadena demoníaca la envolviera. Si tiene un solo demonio de adicción, descubrirá que en ese aspecto (ya sea drogas, alcohol, masturbación, sexo, comida, ver pornografía, etc.) no puede controlarse en absoluto.

La mayoría de las personas con espíritus demoníacos de adicción desean dejar sus comportamientos adictivos pero, por mucho que lo intenten, no pueden lograrlo. Lo mismo ocurre con otras áreas de opresión demoníaca. Por ejemplo, cuando un demonio de depresión invade a un individuo, él controla sus pensamientos, lo que a veces provoca falta de energía, diversas formas de autolesión, pensamientos suicidas, deseos de desconectarse de la vida, etc.

Muchas personas exitosas han convertido sus vidas en una tragedia porque se dejaron vencer por la adicción. La mayoría de esos individuos amaba sus carreras y las bendiciones que obtenían, y no quería arruinar nada de eso con drogas, alcohol u otras adicciones. Otros sucumbieron a los pensamientos suicidas o sufrieron una depresión constante, y no tomaron en cuenta las cosas buenas que les sucedieron. Gran parte de esa gente habría preferido detener los pensamientos suicidas antes que quitarse la vida. Pero no tenían ningún control. Todo ello es resultado de la opresión demoníaca. Por eso el diablo trabaja día y noche para oprimir a quien puede. Es en esas situaciones en las que él tiene poder sobre las personas.

Isaías 10:27 (RVR1960) dice: "El yugo se pudrirá a causa de la unción". Y Jesús vino a destruir las obras del diablo (1 Juan 3:8). En la cruz, Jesús destruyó la maldición que le daba poder al diablo sobre la humanidad. Ahora, el que cree que Jesús es el Señor recibe vida eterna y vida abundante, aquí y ahora (Juan 10:10). Esto incluye una herencia de Dios.

> Si somos hijos, somos herederos; herederos de Dios y coherederos con Cristo [que comparten su bendición y su herencia espiritual], pues si ahora sufrimos con él, también tendremos parte con él en su gloria.
>
> —Romanos 8:17

Jesús tiene sanidad. Jesús tiene libertad. Jesús tiene vida abundante. Jesús tiene recursos sobrenaturales del cielo. Por lo tanto, recibimos lo mismo como coherederos con Cristo. Dios lo dejó aún más claro en otra escritura revelada a su profeta:

> Él fue traspasado por nuestras rebeliones y molido por nuestras iniquidades. Sobre él recayó el castigo, precio de nuestra paz y gracias a sus heridas fuimos sanados.
>
> —Isaías 53:5

Antes de que lo crucificaran, Jesús comenzó a derramar su sangre por nuestra sanidad a través de la flagelación que soportó. Esa flagelación implicaba el azote con un brutal instrumento hecho de correas de cuero con objetos afilados en los extremos que desgarraban la piel y la carne. Aunque esto sea muy gráfico, es necesario que entiendas el precio que Jesús pagó para que hoy pudieras ser sanado. Debemos tomar en serio lo que Jesús hizo por nosotros y no subestimar nunca la herencia por parte de Dios, sino tratarla con reverencia y honra. Hoy, como seguidores de Cristo, creemos que la sanidad —que incluye la libertad— es nuestro derecho como hijos de Dios. Es como si esta "cláusula de herencia" formara parte de un contrato firmado por Dios. ¡Esta herencia nos pertenece!

Cuando una persona se convierte en creyente de Jesús, recibe esta herencia en el ámbito espiritual. Ahora puede recibir sanidad y libertad. Los demonios tienen que dejarla. Sin embargo, los demonios no suelen abandonarla en el momento en que la persona es salva, aunque eso puede suceder. Por lo general, se van cuando el individuo accede a su herencia de Dios según sus principios. Liberar a su pueblo de los demonios es uno de los principios de Dios, y él usa a sus instrumentos ungidos para lograrlo. Estos hombres y mujeres de Dios caminan en la autoridad que él les ha dado y ordenan a los demonios que abandonen a las personas.

Este principio lo vemos, en primer lugar, en el ministerio de Jesús. Como ya lo mencionamos, la Escritura declara que él predicaba y expulsaba demonios. Jesús no solo predicaba y hacía un llamado al altar, esperando que la gente se arrepintiera y los demonios se fueran automáticamente. Además de predicar el arrepentimiento, Jesús también ejercía su autoridad sobre los demonios, por lo que estos huían.

También vemos este principio en la iglesia de los Hechos. Jesús les dijo a sus discípulos o apóstoles que predicaran que el reino de los cielos estaba cerca y que expulsaran demonios (Mateo 10:7-8). Nunca les dijo a las personas que se expulsaran demonios de sí mismas; les ordenó que los expulsaran de los demás. Esto nos muestra que el principio de Dios es que los individuos busquen la liberación colocándose donde la unción fluya para que el yugo que ata sus vidas sea destruido. Cuando obedecen el mandato de Dios y se reúnen como creyentes (Hebreos 10:25), ya sea físicamente, en línea o en reuniones y servicios de avivamiento, encontrarán la unción que fluye a través de instrumentos o vasos que destruyen yugos. ¡Entonces serán liberados! Asimismo, Jesús sigue destruyendo las obras del diablo hoy, al moverse a través de vasos ungidos y liberando a los cautivos.

En el próximo capítulo, analizaremos por qué la liberación es tan necesaria hoy.

Capítulo 2

POR QUÉ SE NECESITA TANTO LA LIBERACIÓN HOY

Muchos de los problemas que enfrenta la gente en la actualidad tienen que ver con los poderes demoníacos, pero demasiadas personas no saben eso. El diablo se ha esforzado por difundir la falsa idea de que no se necesita liberación, que es algo "extraño", "aterrador" y que solo se requiere en caso de circunstancias excepcionales, como en el de las personas extremadamente poseídas que aparecen en las películas de terror, en las que se usan exorcismos para liberarlas. Cuando los demonios permanecen ocultos, pueden quedarse en el individuo que poseen y seguir oprimiéndolo a su antojo. Solo cuando el creyente abraza la unción y camina con valentía en la autoridad que Cristo le otorga, los demonios son expuestos y tienen que irse.

Durante el ministerio terrenal de Jesús, cuando él estaba presente, los demonios se exponían hablando abiertamente o manifestándose de manera física en las personas. Los espíritus malignos también se revelaban en presencia de los apóstoles y de otros discípulos —de la iglesia de los Hechos— que ejercían los cinco ministerios. Jesús y los ministros de la iglesia tenían una unción verdadera, por lo que andaban con autoridad, confrontando a los demonios con valentía y sin timidez. De modo que cuando los ministros no acogen la unción y el ministerio de liberación, la unción no se manifiesta. Dios no actúa por la fuerza. Cuando los ministros rechazan la unción, los demonios se esconden en las personas. En la iglesia, cualquiera puede levantar las manos para adorar, decir "Aleluya" y no faltar ni un domingo a los servicios, mientras los demonios se sientan cómodamente dentro de la persona. Es la *unción* la que destruye el yugo: no es asistir a la iglesia, escuchar un mensaje ni entonar cánticos de alabanza lo que acaba con el yugo.

¿Pueden los cristianos tener demonios?

Sí, los cristianos pueden poseer demonios. Cuando entregas tu vida a Jesús, tu espíritu se vivifica y es habitado por el Espíritu Santo. Naces de nuevo porque tu espíritu resucita con Cristo. Eres, literalmente, una nueva creación; pero no te conviertes automáticamente en una persona nueva por completo. No recibes un cuerpo y un alma nuevos.

Estás compuesto de tres partes: espíritu, alma y cuerpo. Tu alma comprende tu mente, tu voluntad y tus emociones. Tus recuerdos, formas de pensar, deseos y sentimientos naturales no desaparecen cuando entregas tu vida a Jesús. Tu alma no se renueva al ser salva. Tiene que ser transformada, transformación que ocurre a medida que te entregas constantemente a Dios y le obedeces, lo cual implica seguir los principios de su Palabra. A continuación tienes un ejemplo de la manera en que tu mente se transformará al seguir los principios divinos.

> No se amolden al mundo actual, sino sean transformados mediante la renovación de su mente. Así podrán

> comprobar cómo es la voluntad de Dios: buena, agradable y perfecta.
>
> —Romanos 12:2

Cuando tu mente piense carnalmente (como siempre lo ha hecho), procura renovarla leyendo la Palabra de Dios y meditando en ella. Al hacer de la meditación en la Palabra una parte habitual de tu vida, tu mente se transformará. Comenzarás a pensar, automáticamente, como Cristo y a ver las circunstancias desde su perspectiva. Pero eso no sucede el primer día en que te conviertes en creyente. Cuando eres creyente, tu alma requiere de una limpieza profunda. Quizás tengas pensamientos erróneos y carnales. Las malas emociones —como la ira, el odio, la amargura, la falta de perdón, los celos, la lujuria, etc.— pueden surgir y fluir con regularidad de tu alma. Además, puede haber demonios que necesiten ser expulsados.

Por favor, entiende esto: los demonios no pueden vivir en tu espíritu, donde mora el Espíritu Santo. Sin embargo, sí pueden vivir en tu alma. Es como si el Espíritu Santo viviera con tu espíritu en la habitación de tu casa. La habitación está inmaculada, perfectamente limpia. Sin embargo, la cocina y el baño están sucios. Quizás necesites limpiar las otras "habitaciones" de tu alma en cuanto a tus pensamientos y tu comportamiento. Tal vez debes dejar de decir malas palabras. Quizás necesites dejar de meditar en cosas tenebrosas, como desear a los demás, tener pensamientos de odio hacia otros y enfocarte siempre en lo negativo. Es probable que debas dejar de consumir drogas, acostarte con otras personas o apostar. Y tal vez requieras una limpieza aún más profunda: para expulsarte demonios. Quizás no solo necesites deshacerte de la basura y las pelusas. También puede haber "cucarachas" que haya que exterminar.

Una vez que aceptas a Jesús como Señor, el Espíritu Santo es tu ayudador; de modo que, si se lo permites, te ayudará en todo. Por lo tanto, un demonio no puede controlarte como persona; es decir, no puede poseerte por completo como si fueras un robot. Sin embargo, si el demonio te oprime en un área adictiva que sufras, ha de controlar esa área hasta que recibas liberación.

Un hombre que asistió a mi congregación testificó que, aun cuando era creyente, tuvo una adicción a la pornografía durante décadas. Leía la Biblia con frecuencia, oraba, ayunaba, tenía compañeros de confianza y hacía todo lo posible por deshacerse de esa adicción. Pero su vicio persistió. Mucha gente lo hacía sentir como si el problema fuera él: alegaban que su corazón no era lo suficientemente bueno o que no hacía lo necesario. Un día, vio un video de mi iglesia, 5F Church, y el poder de Dios atravesó la pantalla y lo liberó. La adicción desapareció por completo. Han pasado años, desde entonces, y no ha tenido ningún problema con la pornografía. Antes de la liberación, era un creyente verdadero y estaba lleno del Espíritu Santo; sin embargo, esa área de su vida estaba controlada por el espíritu demoníaco. Pero al buscar la ayuda del Espíritu Santo, este lo llevó hacia donde la unción —el poder de Dios— se estaba liberando y ¡el hombre fue liberado!

En vez de obsesionarnos con argumentos como "¿Puede un creyente tener demonios?" o "¿Está *oprimido* o *poseído*?", ¿por qué no nos enfocamos en el estado depravado de las personas que necesitan libertad? Mientras los debates teológicos sobre este tema arden, el diablo se ríe de los debatientes religiosos, que permiten que los oprimidos permanezcan en cautiverio al no aceptar la unción y el ministerio de liberación. El estado actual del cuerpo de Cristo es muy clara y al mismo tiempo urgente: ¡El pueblo de Dios debe ser libre!

Cómo saber si tengo un demonio

Cuando parece que una fuerza te controla en cierta área, ese es un indicio de opresión demoníaca. La mayoría de las personas adictas no desean continuar con sus adicciones, pero hay una fuerza que las controla. ¿Alguna vez has conocido a un cristiano que tuvo una adicción e hizo todo lo posible por detenerla, buscando a Dios con fervor, pero no pudo? Ese cristiano probablemente tenía un espíritu de adicción. Sí, la adicción es un demonio.

La depresión también es un espíritu demoníaco. ¿Has conocido a un creyente incapaz de superar ese estado, sin importar cuántas veces hiciera todo lo que Dios le dijo, renovando su mente con la Palabra y declarando: "Jesús me ha dado perfecta paz"? Ese cristiano quizás tenía un espíritu de depresión.

¿Has conocido a algún cristiano que haya padecido ataques de ansiedad —a pesar de estar verdaderamente entregado a Dios y meditar en su Palabra— repitiendo una y otra vez: "Dios no me dio un espíritu de temor"? Es probable que ese cristiano tuviera un espíritu de ansiedad.

Hay una diferencia entre la necesidad de ser liberado y la de crucificar la carne. Sentirse ansioso a veces no es indicio de poseer un demonio. Sin embargo, la *ansiedad* es un espíritu demoníaco. Sentirse triste y decaído no siempre se debe a la presencia de un demonio. No obstante la depresión es un espíritu diabólico. Tener antojos que podrías controlar si quisieras no tiene que ver con un demonio. Pero la *adicción* es un espíritu demoníaco. Dejar que la carne te domine no es lo mismo que tener un yugo que solo la unción puede destruir. Aun así, los demonios se han ocultado en las personas durante tanto tiempo porque el diablo nos ha engañado haciéndonos creer que *nada* es un demonio y que, en vez de eso, "solo necesitamos dejar de pecar".

Hay yugos sobre el pueblo de Dios que deben ser destruidos, lo que solo se puede lograr a través de la unción. Sí, crucificar la carne es vital. Sin embargo, es renovando la mente con la Palabra de Dios —a la vez que decidir seguir su voluntad antes que la del diablo— que le cierras las puertas al enemigo y te mantienes libre. Pero cuando un demonio ya está ahí, necesariamente se requiere de liberación.

La doctrina que afirma que los cristianos no pueden tener demonios es errónea. La verdadera regla es esta: los cristianos no pueden tener demonios *cuando* han seguido los principios de Dios para purificar sus almas (lo que, para muchos, incluye recibir liberación) y llevan vidas entregadas a Jesús, cerrando todas las puertas al diablo. Cuando haces esto, ningún demonio puede entrar en ti. ¡Estás completamente protegido! Sin embargo, antes de recibir la unción y el equipamiento espiritual adecuado a través del ministerio quíntuple, los creyentes pueden ser oprimidos por demonios, como muchos lo son hoy debido a la falta de estos elementos esenciales en el cuerpo de Cristo.

CASOS EN LOS QUE LOS CRISTIANOS PUEDEN TENER DEMONIOS

Los demonios entran en una persona cuando esta les concede autoridad. El diablo no tenía poder hasta que Adán y Eva le entregaron la autoridad que Dios les otorgó y le obedecieron a él antes que a Dios. Tan pronto como entregaron su autoridad al diablo, este obtuvo acceso y poder sobre sus vidas.

Dios nos da libre albedrío. Podemos hacer lo mismo que Adán y Eva si así lo decidimos. Jesús nos ha dado autoridad sobre el enemigo, pero podemos optar por entregársela si así lo deseamos. Oponernos a los mandamientos de Dios es actuar siguiendo la voz del enemigo más que la de Dios; es darle autoridad al diablo en vez de dársela a Dios. Cuando haces lo que Dios dice, es como si dijeras: "Te doy autoridad sobre mi vida. Que se haga tu voluntad. Tú eres mi amo y mi guía". Cuando haces lo que dice el enemigo, es como si afirmaras: "Decido hacer lo que quieres; por lo tanto, te doy autoridad para que seas mi guía".

De modo que, en el ámbito espiritual, el simple hecho de desobedecer a Dios hace que la persona le abra la puerta al diablo, dándole acceso y permiso para hacer lo que este quiera. Y lo que él quiere es llenar a la persona de demonios, pues así es como la aprisiona y la controla.

Antes de ser salvas, las personas podían haber abierto las puertas de su alma a espíritus de adicción a través del consumo de drogas, la pornografía, los juegos de azar, etc. Es probable que les permitieran la entrada a los espíritus de ira a causa de sus emociones y atacaran a cualquiera por quien sintieran odio. No obstante, a veces, una persona puede experimentar liberación inmediatamente después de ser salva. Jesús puede liberar a la persona como lo desee, por eso nunca debemos encasillar ese hecho diciendo: "Solo puede liberar a alguien de esta manera". Sin embargo, la mayoría de los testimonios que he escuchado son así: "Tras la salvación, mi vida cambió al enamorarme de Jesús y cuando su Espíritu entró en mi vida. La soledad desapareció al encontrar un amigo en Jesús, por lo que experimenté paz, gozo, esperanza y contentamiento por primera vez en mi vida. Pero la adicción (o la ansiedad, la ira, las pesadillas, el insomnio, etc.) permaneció". ¿Te identificas con eso?

Muchas de esas luchas persisten después de la salvación puesto que la liberación sigue siendo necesaria. La salvación y la liberación son dos cosas distintas. Jesús es nuestro Salvador, Sanador, Libertador y dador de vida abundante. Recibes el regalo de Jesús y lo que él provee por la fe en él. El problema es que muchas personas tienen fe en Jesús el Salvador, pero no en Jesús el Libertador. Una razón importante para ello es que, en general, no se ha divulgado que Jesús puede liberar, que Jesús puede y quiere liberarte de toda opresión.

> Así que la fe es por el oír, y el oír, por la palabra de Dios.
>
> —Romanos 10:17 RVR1960

Las personas necesitan escuchar que los líderes cristianos y todos los creyentes afirmen que Jesús es su Salvador, su Libertador y su Sanador para que puedan tener fe y recibir la liberación y la sanidad. Algunos miembros del pueblo de Dios son destruidos por demonios que los oprimen porque carecen del conocimiento de Jesús como Libertador.

> Mi pueblo fue destruido,
> porque le faltó conocimiento.
>
> —Oseas 4:6 RVR1960

Los cristianos pueden tener demonios por dos razones: (1) porque los tuvieron antes de la salvación y, desde entonces, no han experimentado liberación, a veces porque no han recibido la unción que destruye el yugo; y (2) porque después de ser salvos, les abrieron las puertas a los demonios.

Como ya dije, todos tenemos libre albedrío. Cuando sigues los mandamientos de Dios en su Palabra (con la debida revelación del Espíritu Santo) y vives verdaderamente rendido a Dios, no les abres las puertas a los demonios y, por lo tanto, ellos *no pueden* entrar en ti. Ningún cristiano debería temer que un demonio entre en él, sino que debería tener *temor de Dios*, recordando que las recompensas de la libertad y la protección contra los demonios provienen de vivir rendido a él. En resumen, si te entregas a Dios y le obedeces, ¡los demonios no pueden entrar en ti! Pero si decides, por voluntad propia, abrir una puerta mediante la desobediencia, un demonio podría entrar en ti, aunque te llames cristiano y el Espíritu Santo viva en ti.

La mayoría de las personas que piensan que los cristianos no pueden tener demonios probablemente no entienden qué son, en verdad, los demonios ni lo comunes que son. La adicción es una fortaleza demoníaca; no es la falta de autocontrol de la persona. Todas las drogas pueden tener una naturaleza adictiva, la que —en realidad— es impulsada por una influencia demoníaca. Muchas personas, cuya adicción a las drogas está destruyendo sus vidas, desean fervientemente dejarlas. Sin embargo, ¿cuántos ejemplos has visto o escuchado de individuos que, por mucho que se esforzaron por dejarlas, no lo lograron? Cuando este es el caso, se trata sin duda de un espíritu de adicción.

Si una persona, ya sea creyente o no, consume drogas a diario, se volverá adicta. Ser adicto implica tener un espíritu de adicción. El cristiano no es inmune a contraer un demonio de adicción solo por ser cristiano. Depende de ellos obedecer o no a Dios. Esa es una de las explicaciones más sencillas en cuanto a cómo un creyente puede tener un demonio y de por qué es tan común hoy en día que los cristianos sean oprimidos por demonios. Muchos creyentes abren las puertas a los demonios al desobedecer a Dios en ciertas áreas. Algunos optan por la tibieza. Para otros, la razón es la falta de unción en la iglesia actual, necesaria para que el reino de Dios se extienda a los creyentes. Pablo dijo: "No les hablé ni prediqué con palabras sabias y elocuentes, sino con demostración del poder del Espíritu, para que la fe de ustedes no dependiera de la sabiduría humana, sino del poder de Dios"

(1 Corintios 2:4-5). Algunas personas llevan vidas tibias, desobedeciendo a Dios y abriendo puertas al diablo, no porque tengan un corazón malo, sino porque aún no han encontrado el poder de Dios, que abre los ojos espirituales y edifica una verdadera fe en él. Una fe que se basa en el poder de Dios, más que en las palabras del hombre, es una fe fuerte y verdadera que conduce al arrepentimiento y la entrega genuinos. El poder de Dios es necesario para que los ojos espirituales se abran a la magnitud de su amor. Con la revelación del amor y la dignidad de Dios, uno se sentirá impulsado y anhelará profundamente vivir de una manera que le agrade cada día.

Los cristianos pueden tener demonios simplemente porque les abrieron puertas en algún momento de sus vidas. En algún punto del camino, se le dio autoridad al enemigo. Estas puertas pudieron haberse abierto antes de la salvación, después de la salvación o en generaciones anteriores. Profundizaré en este tema de las puertas por las que entran los demonios en el capítulo 3.

La liberación no es solo un ministerio secundario para quienes han incursionado en la brujería, los que tienen los ojos rojos o los que echan espuma por la boca, como en las películas de "posesión". La liberación no es solo para cristianos carismáticos que están "en esas cosas" y se sienten llamados a ese tipo de ministerio. La liberación es una necesidad desesperada en *todas* las iglesias.

Jesús, el Salvador, es la respuesta a los problemas de todos y el único camino para encontrar la vida verdadera y eterna. Y la liberación —o, más específicamente, Jesús, el Libertador— es la respuesta a los problemas de la mayoría de las personas. Insisto, Jesús vino para salvarnos y liberarnos. Nosotros, como su cuerpo, no podemos elegir qué partes de Jesús nos gustan e ignorar el resto. No debería haber "iglesia que ministre liberación", "iglesia que ministre sanidad" ni "iglesia que ministre enseñanza".

Jesús nos ordenó que lo hiciéramos todo. El modelo de cómo debería ser una iglesia se encuentra en el Libro de los Hechos, y esa iglesia realizó todas estas funciones. Esto se debe a que estos tres ministerios son vitales para mostrar el amor de Jesús a la gente. No podemos mostrar solo un tercio de Jesús al mundo. Necesitamos revelarlo por completo.

¡El pueblo de Dios necesita ser libre! Muchos hijos de Dios se están perdiendo este regalo tan preciado y costoso por el que Jesús pagó el precio: sanidad, libertad y vida abundante. Esto entristece profundamente a Dios. Él ama tanto a sus hijos que sacrificó su vida y sufrió el peor castigo para que pudieran ser liberados del dominio del diablo, ¡pero muchos no están recibiendo este regalo!

Necesitamos mejorar como cuerpo de Cristo. Necesitamos tener más temor de Dios y humildad para escuchar lo que él nos dice en este momento. ¡El Señor quiere que su pueblo sea libre! Quiere que aceptemos su unción y el ministerio de liberación, aunque eso nos haga sentir incómodos. Aun cuando eso implique que los fariseos de hoy nos insulten, nos acusen falsamente y abandonen nuestra iglesia o nuestra vida. Aunque se vuelva algo desordenado con demonios manifestándose a través de tos, gritos, miradas fulminantes y resistencia. Aunque eso implique ser incomprendido y perder amistades. Necesitamos abrazar la liberación en el cuerpo de Cristo para que el pueblo de Dios pueda recibir su herencia completa y ser libre de las ataduras del diablo.

También necesitamos que la liberación sea aceptada y abrazada por el cuerpo de Cristo, puesto que la verdadera salvación de las personas depende de ella. La verdadera salvación no proviene del entretenimiento ni de mensajes persuasivos en la iglesia. Viene de un encuentro poderoso con Dios y un encuentro verdadero con Jesús. Cuanto más se asemeje ese ministerio a lo que Pablo mostró —liberando la unción a la gente en vez de hablar con palabras rebuscadas—, más almas se salvarán. Al brillar intensamente para Jesús, atraemos a los perdidos hacia él (Mateo 5:14-16). La manera de ser verdaderamente una luz brillante para Jesús es disfrutar la vida abundante que él proveyó y así reflejar la gloria y la vida sobrenatural (el cielo en la tierra) que recibe el creyente.

Sin embargo, para que todo eso suceda, primero hay que ser liberado de los demonios. La persona bajo opresión demoníaca se encuentra en una situación negativa, por así decirlo. Una vez liberada, se reinicia desde cero y, de ahí, va de gloria en gloria hacia una situación positiva a medida que la vida abundante de Dios en ella aumenta. Por ejemplo, la persona puede pasar de tener un espíritu de depresión y estar cansada la mayor parte del tiempo (en una situación negativa) a ser liberada —ya no estar deprimida ni cansada (en cero)— y luego tener un gozo y una energía sobrenaturales y abundantes (en una situación positiva).

Cuando las personas oprimidas y perdidas ven tu vida sobrenatural brillar con tanta fuerza, ¡se sienten atraídas! Se sienten cautivadas por el Jesús que hay en ti. Se sentirán impulsadas a preguntarte por qué tu vida es tan sobrenatural y abundante. Anhelarán descubrir dónde has encontrado esa vida y desearla para sí mismos. Recibir liberación y vivir en la plenitud de la vida abundante en Cristo es lo que nos permitirá ser verdaderamente eficaces en el reino de Dios: ¡viendo almas salvadas, liberadas y transformadas!

Capítulo 3

CÓMO OCURRE LA OPRESIÓN DEMONÍACA

MUCHOS CREYENTES CREEN erróneamente que, debido al amor de Dios, la persona puede vivir como quiera, siempre y cuando tenga buenas intenciones, por lo que estará protegida por completo. Otros piensan que solo por confesar a Jesús como su Señor, asistir a la iglesia y leer la Biblia de vez en cuando, ningún demonio puede tocarlos; es decir, son inmunes a los espíritus malignos. Sin embargo, la realidad es que no se puede separar a Dios de su Palabra. Él es la Palabra. Y no se puede separar la Palabra de la revelación del "vino nuevo" que viene cuando uno busca el Espíritu Santo para que le traiga entendimiento.

> Un día los discípulos de Juan el Bautista se acercaron a Jesús y le preguntaron: "¿Por qué tus discípulos no ayunan, como lo hacemos nosotros y los fariseos?". Jesús respondió: "¿Acaso los invitados de una boda están de luto mientras festejan con el novio? Por supuesto que no, pero un día el novio será llevado, y entonces sí ayunarán. Además, ¿a quién se le ocurriría remendar una prenda vieja con tela nueva? Pues el remiendo nuevo encogería y

> se desprendería de la tela vieja, lo cual dejaría una rotura aún mayor que la anterior. Y nadie pone vino nuevo en cueros viejos. Pues los cueros viejos se reventarían por la presión y el vino se derramaría, y los cueros quedarían arruinados. El vino nuevo se guarda en cueros nuevos para preservar a ambos".
>
> —Mateo 9:14-17 NTV

En este pasaje de las Escrituras, Jesús contrasta la revelación de los fariseos y Juan el Bautista sobre el ayuno con el "vino viejo". Y compara su revelación sobre cómo ayunar con el "vino nuevo". Jesús trajo una nueva forma de hacerlo. Los fariseos no tenían la verdadera revelación de la Palabra de Dios sobre el ayuno, ni muchos otros principios e instrucciones espirituales de Dios en su Palabra. El vino nuevo (la revelación apropiada de Dios) era necesario para traer la salvación y el reino de los cielos a la tierra. Los fariseos interpretaban la Palabra de Dios de una manera mientras que Jesús la interpretaba de otra. La "revelación religiosa" de la Palabra de Dios fue lo que acusó y crucificó a Jesús. La revelación del Espíritu Santo (vino nuevo) que Jesús reveló fue lo que liberó y salvó a las personas.

Cuando a una congregación le faltan ciertos aspectos de la iglesia de los Hechos, como el poder de Dios, la expulsión de demonios y la sanidad de los enfermos, eso significa que también le falta la revelación del vino nuevo. Debemos obtener el entendimiento de Dios sobre cómo acceder a su reino y cómo operar adecuadamente en su unción para realizar sus obras.

A lo largo de este libro menciono con frecuencia el vino nuevo. Siempre que vean el término *vino nuevo*, sepan que se refiere a la revelación que Jesús trajo y que, en general, se ha perdido. Esta revelación incluye las realidades del reino espiritual: las cosas más profundas, o "misterios", del reino de Dios que se necesitan para ejercer autoridad sobre los poderes demoníacos y liberar el reino de Dios en la tierra.

> Caminaré en libertad, porque me he dedicado a tus mandamientos.
>
> —Salmos 119:45 NTV

Por lo tanto, desháganse de toda inmundicia moral y del mal que tanto prevalece, y acepten con humildad la palabra implantada en ustedes, la cual puede salvarlos.

> No solo escuchen la palabra de Dios; tienen que ponerla en práctica. De lo contrario, solamente se engañan a sí mismos. Pues, si escuchas la palabra pero no la obedeces, sería como ver tu cara en un espejo; te ves a ti mismo, luego te alejas y te olvidas cómo eres. Pero si miras atentamente en la ley perfecta que te hace libre y la pones en práctica y no olvidas lo que escuchaste, entonces Dios te bendecirá por tu obediencia.
>
> —Santiago 1:21-25

Estas escrituras nos dicen que la libertad viene cuando nos dedicamos a los mandamientos de la Palabra y que "la ley perfecta… te hace libre". La salvación viene cuando "confiesas con tu boca que Jesús es el Señor y crees en tu corazón que Dios lo levantó de entre los muertos" (Romanos 10:9). Y la verdadera salvación en la que puedes confiar requiere una *verdadera entrega*. No nos corresponde a ninguno de nosotros en la tierra especular quién irá o no al cielo basándonos en si los consideramos tibios o rendidos. Solo Dios lo sabe. Sin embargo, sí sabemos que podemos confiar en nuestra salvación y agradar a Dios solo si entregamos nuestra vida por completo.

> Porque es ancha la puerta y espacioso el camino que conduce a la destrucción, y muchos entran por ella. Pero estrecha es la puerta y angosto el camino que conduce a la vida, y son pocos los que la encuentran.
>
> —Mateo 7:13-14

La puerta estrecha de la entrega no es solo donde se encuentra la verdadera salvación; también es el único lugar donde está la vida abundante. Juan 10:10 dice: "El ladrón no viene más que a robar, matar y destruir; yo he venido para que tengan vida y la tengan en abundancia [hasta que rebose]" (Juan 10:10).

La Biblia declara que tenemos una herencia como hijos de Dios:

> Pues su Espíritu se une a nuestro espíritu para confirmar que somos hijos de Dios. Así que como somos sus hijos, también somos sus herederos. De hecho, somos herederos junto con Cristo de la gloria de Dios; pero si vamos a participar de su gloria, también debemos participar de su sufrimiento.
>
> —Romanos 8:16-17 NTV

La herencia que has recibido es una vida de abundancia, que incluye sanidad y liberación (Isaías 53:5), dominio propio (2 Timoteo 1:7), paz (Isaías 26:3), provisión (Filipenses 4:19) y protección (Juan 10:27-29). Muchos cristianos no se percatan de que realmente tienen una herencia, de manera que —por falta de conocimiento— no reciben lo que les pertenece (Oseas 4:6).

El camino hacia la liberación, la sanidad y la vida abundante se encuentra en la Palabra de Dios, pero con la verdadera revelación que proviene del Espíritu Santo. Una forma de descubrir la voz del Espíritu Santo en la Palabra es preparándose para recibir la capacitación vital del ministerio quíntuple: apóstoles, profetas, evangelistas, pastores y maestros (Efesios 4:11-16). Dios ha dotado a los apóstoles con una gracia especial para comprender la Palabra de Dios y para enseñarla. Esto es lo que hago en este libro. Cuando busques al Señor con todo tu corazón, lo encontrarás (Jeremías 29:13). Al leer esta obra, estás buscando al Señor, por lo tanto ¡lo encontrarás! Hallarás más revelación de su Palabra, lo que te permitirá acceder a más de Dios y sus bendiciones en tu vida.

Principios en el ámbito espiritual

Dios es un Dios de principios. El ámbito espiritual y el reino de Dios se rigen por diversas leyes: cuando haces ____________, recibes ________________. Por ejemplo, lo que siembras, cosecharás. Si eres generoso, recibirás provisión sobrenatural (Gálatas 6:7-9; Malaquías 3:10). Otro principio es que si hablas palabras de vida alineadas con la voluntad de Dios, recibirás vida abundante; pero si hablas palabras de muerte, bloqueas las bendiciones de Dios e incluso puedes ser responsable de traer problemas a tu vida (Proverbios 18:21). Estos son solo un par de ejemplos de los muchos principios que se encuentran en la Palabra de Dios.

Uno de los principios fundamentales que debes conocer para recibir liberación y sanidad es este: Cuando sigues la Palabra de Dios, recibes salvación y accedes a tu herencia divina (sanidad, liberación, paz, dominio propio, protección y provisión).

Dios nunca va en contra de su Palabra. No puedes recibir liberación ni sanidad de cualquier otra manera. Eso viene cuando sigues los principios de Dios revelados en su Palabra. En la mayoría de los casos, la razón principal por la que las personas son oprimidas, mientras oran por la libertad y prueban lo que consideran cosas espirituales, es simplemente porque no siguen los principios de Dios.

> Ahora te digo que tú eres Pedro (que significa "roca"), y sobre esta roca edificaré mi iglesia, y el poder de la muerte no la conquistará. Y te daré las llaves del reino del cielo. Todo lo que prohíbas en la tierra será prohibido en el cielo, y todo lo que permitieras en la tierra será permitido en el cielo.
>
> —Mateo 16:18-19 NTV

La autoridad de las *llaves* aquí radica, en última instancia, en la revelación de los principios de Dios en las Escrituras. La revelación de la Palabra de Dios, al aplicarse, ¡facilita la liberación! Dios está usando actualmente a los apóstoles y los cinco ministerios. Las llaves del reino han sido liberadas hoy. ¡Y las llaves que desatan la liberación se encuentran en este libro!

Principio del libre albedrío

> Dios el Señor le ordenó al hombre: "Puedes comer de todos los árboles del jardín, pero del árbol del conocimiento del bien y del mal no deberás comer. El día que de él comas, sin duda morirás".
>
> —Génesis 2:16-17

> Hoy pongo al cielo y a la tierra por testigos contra ti, de que te he dado a elegir entre la vida y la muerte, entre la bendición y la maldición. *Elige*, pues, *la vida*, para que vivan tú y tus descendientes.
>
> —Deuteronomio 30:19, énfasis añadido

Dios afirma que puedes elegir entre la vida y la muerte, entre las bendiciones y las maldiciones. Te aconseja elegir la vida, pero la decisión es tuya. Dios le dijo a Adán: "Puedes comer de todos los árboles del jardín". De la misma manera, hoy tenemos libre albedrío absoluto. Podemos elegir (1) entre la vida y las bendiciones o (2) entre la muerte y las maldiciones. Recibimos la vida al entregarnos a Dios y seguir su Palabra (según la revelación del vino nuevo). La muerte viene al hacer lo contrario: ser desobediente e ignorar la Palabra de Dios.

> Y él os dio vida a vosotros, cuando estabais muertos en vuestros delitos y pecados, en los cuales anduvisteis en otro tiempo, siguiendo la corriente de este mundo, conforme al príncipe de la potestad del aire, el espíritu que ahora opera en los hijos de desobediencia, entre los cuales también todos nosotros vivimos en otro tiempo en los deseos de nuestra carne, haciendo la voluntad de la carne y de los pensamientos, y éramos por naturaleza hijos de ira, lo mismo que los demás.
>
> —Efesios 2:1-3 RVR1960

Puesto que el diablo sigue en el mundo como "príncipe" (Juan 16:11) y gobernante de la potestad del aire, si una persona, por voluntad propia, decide vivir en desobediencia, el diablo obrará en ella. Esta es una ley espiritual: si una persona, creyente o no, decide ser desobediente e ignorar la Palabra de Dios, se le permite al diablo oprimirla, enviarle un espíritu demoníaco.

> No le des cabida al diablo.
>
> —Efesios 4:27

Puerta abierta al pecado

Cuando se le abre una puerta en el reino espiritual, el diablo tiene acceso legal para ingresar y con él los demonios, que también pueden entrar en la persona. La opresión demoníaca siempre ocurre porque se abre una puerta. Una de las principales maneras en que se abren puertas al mal en el reino espiritual es a través del pecado. Esto es lo que significa "darle cabida al diablo". En vez de cerrar la puerta con llave, la persona la abre al pecar; entonces, el diablo puede poner su pie entre el marco y la puerta, para entrar.

A fin de mantener esas puertas cerradas, debes ser consciente y tomar en serio tu salud espiritual. Debes desear agradar a Dios por encima de cualquier otra cosa. Así como cierras con llave la puerta de tu casa porque valoras tu seguridad física y tus posesiones, también debes valorar tu salud espiritual, tus bendiciones y tu relación con Dios. Siempre debes mantener las puertas espirituales cerradas al diablo y no permitirle nunca el acceso. Dejar la puerta de casa sin llave y entreabierta no significa necesariamente que un ladrón vaya a entrar, pero existe la posibilidad de que entre. Lo mismo ocurre en el ámbito espiritual. Abrir una puerta a causa del pecado no garantiza que la persona se contagie inmediatamente con un demonio, pero la posibilidad de que el maligno opere es cierta. Cuanto más tiempo permanezca abierta la puerta y más a menudo se abran otras puertas por pecados en otras áreas, mayores serán las probabilidades de que entren espíritus demoníacos.

La probabilidad de que un espíritu demoníaco entre por la puerta abierta también tiene que ver con el pasado de la persona o de su generación. Si has llamado la atención del diablo como un blanco fácil debido a las puertas que has abierto en el pasado o a las puertas que tus padres han abierto, las probabilidades de que entre un espíritu demoníaco aumentan.

Espíritus de adicción

Cuando una persona desobedece a Dios emborrachándose, puede que no reciba un espíritu de adicción de inmediato. Pero en muchos casos, como la puerta permanece abierta debido a la embriaguez habitual, entrará un espíritu de adicción. Dicho espíritu puede oprimir a la persona a través de muchas cosas: alcohol, drogas, sexo, pornografía, masturbación, redes sociales, televisión, azúcar, comida, cafeína y más. Si dependes de algo más que de Dios para obtener placer, energía o satisfacción, estás abriendo una puerta al espíritu de adicción.

Espíritus de ira

Ceder a la tentación de comportarse con ira abre la puerta a un espíritu de ira. Muchas personas que suelen abusar verbal o físicamente de sus seres queridos tienen espíritus de ira. La primera vez que ven que han causado daño al expresar su ira y ser abusivos, muchas personas no quieren volver a actuar de esa manera ni causar más dolor a sus seres queridos. Pero cuando la persona tiene un espíritu demoníaco de ira, una vez que el sentimiento de ira aflora, el espíritu la controla. No tiene sentido que una persona abuse repetidamente de un ser querido. La verdad es que eso es espiritual.

Esposas espirituales y espíritus sexuales

Los espíritus sexuales impuros y los cónyuges espirituales aparecen cuando las personas abren puertas a través de actos sexuales fuera del matrimonio y comportamientos sexuales impuros, como masturbarse y ver pornografía. Estos espíritus sexuales impuros infunden en la persona fuertes impulsos y pensamientos sexuales. Un cónyuge espiritual es un espíritu demoníaco que suele aparecer por la noche y tocar sexualmente a una persona o provocarle sueños sexuales impuros. El cónyuge espiritual se pone celoso y no quiere que la persona a la que oprime tenga otra pareja, por lo que suele provocar división en el matrimonio o la relación romántica. Muchas veces, las parejas casadas luchan con la intimidad física y emocional debido a la pareja espiritual que uno o ambos tienen.

Lazos demoníacos del alma

Parte de la opresión demoníaca proviene de tener lazos demoníacos del alma. Este tipo de lazos ocurre cuando existe una conexión cercana e impía entre dos personas. El principal ejemplo de un lazo demoníaco del alma es cuando una persona manipula a otra. A veces, la persona desobediente a Dios usa tácticas de manipulación para intentar asegurarse de que su pareja o amigo nunca la abandone, tema desagradarle o haga cualquier cosa por ella.

Las señales de que tienes un lazo demoníaco del alma con alguien incluyen sentirte controlado por esa persona (y solo por ella). Quizás no te importe lo que piensen de ti, pero cuando se trata de esa persona, sientes que no tienes más remedio que hacer lo que dice y te importa mucho lo que piense de ti. Otro ejemplo es cuando sabes que no deberías tener vínculo romántico con alguien, pero sientes que no puedes dejarle o, si terminan, vuelven a estar juntos una y otra vez. Las puertas para los lazos demoníacos del alma se abren cuando cedes repetidamente a la manipulación o cuando sales o mantienes una amistad cercana con alguien, aunque sabes que Dios no quiere para ti.

PUERTA ABIERTA A HABLAR MUERTE

Otra puerta abierta para los demonios es proferir palabras de muerte.

> La lengua puede traer vida o muerte; los que hablan mucho cosecharán las consecuencias.
>
> —PROVERBIOS 18:21 NTV

Una de las mayores artimañas del enemigo es traer mentiras a tu mente: mentiras sobre tu identidad, el carácter de Dios, tu herencia como hijo de Dios y tu futuro. El objetivo del diablo es hacerte creer esas mentiras para que luego las difundas. Una vez que dices las mentiras, en el ámbito espiritual, eso constituye un acto de aceptación. Si dices: "Quiero morir", se considera que aceptas lo que el diablo afirma y le das autoridad en esta situación. El diablo tiene entonces autoridad espiritual legal para poner su pie en la trampa y enviar espíritus demoníacos que traen pensamientos constantes que le dicen a la persona que debería suicidarse.

Somos llamados a resistir las mentiras del diablo y a tomar cautivo todo pensamiento (Santiago 4:7; 2 Corintios 10:5). No se supone que debamos decir todo lo que sentimos como si fuera verdad. Cuando declaras las mentiras del diablo como si fueran la verdad y tu porción, le estás dando un punto de apoyo. Por ejemplo, cuando alguien dice: "Tengo mucha ansiedad", está de acuerdo con la mentira del diablo en vez de rechazarla y decir la verdad: "Dios no me dio un espíritu de cobardía" (ver 2 Timoteo 1:7) y "Tengo completa paz porque mi mente está puesta en ti" (ver Isaías 26:3).

La Biblia dice que por sus llagas fuimos sanados (Isaías 53:5). Si recibes un mal diagnóstico, la manera espiritualmente correcta de hablar al respecto es expresar en voz alta que rechazas esa enfermedad o dolor y declarar: "He sido sanado por las llagas de Jesús". Puedes decirles a los demás: "El médico me ha diagnosticado ____________", en lugar de confesar una y otra vez: "Tengo ____________". De esta manera, el diablo no tiene cabida.

La desobediencia más ignorada y, a la vez, la más común

Optar por desobedecer a Dios e ignorar su Palabra puede manifestarse de otras maneras, además de pecar consumiendo drogas, acostándose con otras personas, practicando la brujería, robando, mintiendo o cometiendo adulterio. También puede manifestarse al guardar orgullo en el corazón. O puede implicar llevar una vida cristiana "cómoda" en una iglesia tibia, cuando Dios te llama a tomar tu cruz de incomodidad y persecución para seguirlo, aceptando al Espíritu Santo en todas las formas en que obra, incluso a través de instrumentos inesperados que se mueven con poder que expulsa a los demonios.

Muchos creyentes no disfrutan la libertad y la vida abundante que Dios promete porque, aunque están *cerca* de la voluntad de Dios (la conocen, la escuchan), no están viviendo *en* ella. Hacen todo lo correcto como cristianos, excepto abrazar el mover actual de Dios: el avivamiento de la unción, la liberación y la revelación del vino nuevo a través de sus apóstoles y profetas. Aquí es donde se liberan las llaves del reino.

> Crean en el Señor su Dios y podrán permanecer firmes. Créanles a sus profetas y tendrán éxito.
>
> —2 Crónicas 20:20 NTV

Para prosperar y tener éxito, necesitas aceptar la manera en que Dios libera la revelación de su Palabra, las llaves del reino y la unción que destruye el yugo a través de líderes ungidos como profetas y apóstoles.

Puerta abierta al abuso

Las puertas abiertas al pecado, incluido pronunciar palabras de muerte, son puertas que cada uno de nosotros controla. Muchas personas se ven oprimidas porque decidieron cederle el paso al diablo y, por lo tanto, se metieron en esas situaciones. Sin embargo, muchos también, sin saberlo, le ceden el paso al diablo simplemente porque carecen del conocimiento, la comprensión y la sabiduría espirituales. Esto demuestra una vez más la importancia de aceptar el sistema de Dios para equipar a los creyentes a través del ministerio quíntuple. La enseñanza tibia y débil mantiene a los creyentes atados por su falta de conocimiento.

Hay otras maneras en que se pueden abrir puertas al diablo que las personas no hacen por sí mismas. Es un error pensar que, porque alguien está oprimido, debe haber pecado. Muchas veces, ese no es el caso. Un claro ejemplo es la puerta abierta al abuso. Por ejemplo, cuando un niño es abusado sexualmente, la experiencia traumática a menudo lleva al diablo a sembrar mentiras sobre su identidad y a sumirlo en la vergüenza. Muchas personas han testificado que comenzaron a experimentar deseos lujuriosos y románticos a temprana edad, precisamente después de sufrir abuso sexual.

Cuando se está espiritualmente capacitado, incluso a temprana edad, la persona puede discernir las maquinaciones del diablo posteriores al abuso, reconociendo estos pensamientos impuros como mentiras del diablo y, por lo tanto, rechazándolos. Pero cuando alguien no cuenta con preparación, a menudo hablará en voz alta y actuará según sus pensamientos. Y en el momento en que lo haga, le habrá dado al diablo un punto de apoyo. Por lo tanto, algunas personas dan puertas abiertas al enemigo como resultado directo del abuso.

Puerta abierta a las maldiciones generacionales

Otro tipo de puerta abierta que escapa al control de la persona es el de los pecados generacionales. Los pecados repetitivos en el linaje familiar pueden llevar a la opresión demoníaca de una persona. Cuantas más puertas se abran y más se profundice uno en el reino de las tinieblas, más intensa será la esclavitud.

Un ejemplo de esclavitud más profunda es la maldición generacional. Una persona puede experimentar opresión incluso desde temprana edad simplemente debido a una maldición generacional transmitida por sus antepasados. Por ejemplo, con una maldición generacional de ira y abuso, uno podría tener una tendencia natural a ser iracundo y abusivo aun a temprana edad. La persona tiene esta tendencia porque la opresión ya está presente a través de la maldición generacional.

Capítulo 4

QUÉ HACE HUIR A LOS DEMONIOS

PRIMERA CLAVE: LA UNCIÓN

LA UNCIÓN ES lo que destruye el yugo. Ni los rituales, ni una voz fuerte, ni cierta forma de orar, ni ningún otro método destruirán el yugo de la opresión demoníaca de tu vida. Es simple y llanamente la unción la que destruye el yugo.

La unción es el poder de Dios que él deposita en los vasos (las personas) que él mismo elige para cumplir sus propósitos. La unción es Jesús, el Espíritu Santo y el Padre, pues todos son uno. Pero, en esencia, es el atributo de Jesús que *viene con poder.* El poder de Dios es el mayor del mundo. Este poder lo puede todo. Como hijos de Dios, recibimos libre albedrío, lo que incluye la autonomía para decidir cómo usaremos la unción. Por eso, Dios no da unción a cualquiera. Dios desea que cada creyente tenga una vida de entrega que lo transforme a la semejanza de Cristo. Cuando eso sucede, Dios considera a la persona digna de la unción, por lo que la derrama sobre ella.

Por desdicha, no todos los creyentes llevan una vida de entrega y, por lo tanto, no a todos se les puede confiar el poder de Dios. Hubo una razón por la que Dios decidió ungir a David antes que a otro. David estaba rendido a Dios, por lo que administraría la unción y su posición según la voluntad de Dios.

> Tras destituir a Saúl, puso por rey a David, de quien dio este testimonio: "He encontrado en David, hijo de Isaí, un hombre conforme a mi corazón; él hará todo lo que yo quiera".
>
> —Hechos 13:22

A lo largo de la Palabra de Dios, desde el Antiguo hasta el Nuevo Testamento, vemos los principios de Dios en acción, y el más importante de ellos es el de sanar enfermos, expulsar demonios y hacer toda clase de milagros. El principio de Dios al obrar milagros es este: él vierte su unción en una vasija (o persona) y luego se mueve a través de ella para obrar milagros. Dios ungió a Moisés y, específicamente a través de él, hizo señales, prodigios y milagros en Egipto que llevaron a la liberación de los israelitas. El mar se abrió cuando Moisés alzó su vara, pues portaba la unción. Josué servía a Moisés, el siervo ungido de Dios. Mediante su entrega y obediencia a Dios, y por ser un hijo espiritual humilde y leal a Moisés, Josué recibió la impartición de Moisés.

Tras la muerte de Moisés, Josué se convirtió en el líder ungido a través del cual Dios actuó para llevar a los israelitas a la tierra prometida. Elías fue ungido por Dios e hizo muchos milagros, incluyendo sanar enfermos y resucitar muertos, gracias al poder de Dios que se manifestaba a través de él. Eliseo era siervo de Elías y recibió la impartición a través de este último. Esa impartición incluyó una doble porción de unción que le permitió a Eliseo realizar los mismos milagros que Elías, ¡e incluso el doble!

En el Nuevo Testamento, Jesús escogió y ungió a sus doce apóstoles. Y dijo: "El que cree en mí también hará las obras que yo hago y aun las hará mayores" (Juan 14:12).

> Por medio de los apóstoles ocurrían muchas señales y prodigios (milagros que atestiguaban) entre el pueblo.
>
> —Hechos 5:12

> Todos estaban asombrados por los muchos prodigios y señales que realizaban los apóstoles.
>
> —Hechos 2:43

En el Antiguo Testamento, la unción que reposaba sobre ciertas personas era algo raro y exclusivo. Solo algunos escogidos, como reyes, profetas o sacerdotes, eran ungidos para cumplir una misión específica. Pero bajo el nuevo pacto, Jesús envió el Espíritu Santo a morar en todos los que creen en él como Señor. Dios desea que el Espíritu Santo llene a cada creyente y lo transforme por completo. Cuando eso suceda, vendrá la unción. Todo creyente tiene el potencial de recibir la unción, pero es su decisión aceptarla. Una vida de entrega, humildad y obediencia es la única manera de ser un elegido listo para llevar la unción. "Porque muchos son llamados, y pocos escogidos" (Mateo 22:14 RVR1960). Pocos eligen el camino angosto que lleva a ser elegidos por Dios para llevar la unción. Muchos optan por la tibieza y una vida cristiana más cómoda.

> Estas señales acompañarán a los que crean: en mi nombre expulsarán demonios, hablarán en nuevas lenguas, tomarán serpientes con sus manos y, cuando beban algo venenoso, no les hará daño alguno; pondrán las manos sobre los enfermos y estos recobrarán la salud.
>
> —Marcos 16:17-18

¡Esta es una promesa para todos los que creen! No se supone que sean solo unos pocos ministros los que porten la unción para expulsar demonios y sanar enfermos. La unción es para todos los que creen, es decir, los verdaderos creyentes entregados a Dios y obedientes a él. Dios desea obrar como quiera a través de ti. Cuando alguien está enfermo, quiere sanarlo a través de ti. Cuando alguien está oprimido, quiere expulsar al demonio a través de ti. Cuando alguien necesita escuchar su voz, quiere pronunciar una palabra profética a través de ti. Pero como la unción puede causar daño si se administra mal, Dios se rige por sus principios y obra solo a través de un instrumento con poder si ve que se le puede confiar la unción.

Aunque Dios quiere usar a todos los creyentes con poder para sanar y liberar, solo derramará su unción sobre aquellos que se entregan y obedecen sus principios, incluyendo los pertinentes a cómo recibirla. Muchos creen que todos los creyentes tienen la unción. Si es así, ¿por qué tantos ministros y creyentes oran por la gente, pero no ocurren milagros, no se expulsan demonios ni se sana a los enfermos? ¡La razón es, simplemente, que no hay unción!

Cuando una persona entrega su vida a Jesús, recibe el Espíritu Santo para orientarla, consolarla, guiarla y transformarla. Pero hay más manifestaciones y porciones del Espíritu Santo que recibir. La segunda manera es el bautismo del Espíritu Santo. Esta mayor medida del Espíritu Santo suele derramarse sobre el creyente cuando se ha entregado y desea que Dios tome posesión de su ser. El fuego del Espíritu Santo y el don de lenguas ayudan entonces a la persona a llevar una vida entregada y la capacitan para testificar de Jesús. También hay una tercera manifestación del Espíritu Santo: la unción. Esta medida del Espíritu Santo no es para fortalecer la propia vida espiritual, sino puramente para ministrar a otras personas. La unción llega cuando Dios puede confiar en que serás abnegado, tendrás un corazón de siervo y disposición para hacer toda su voluntad.

Cuando la unción está realmente presente, ¡los milagros ocurren con facilidad! Esto es lo que vemos en los ministerios de Pedro y Pablo.

> Y seguía aumentando el número de los que creían en el Señor. Era tal la multitud de hombres y mujeres que hasta sacaban a los enfermos a las plazas y los ponían en camillas para que, al pasar Pedro, por lo menos su sombra cayera sobre alguno de ellos. También de los pueblos vecinos a Jerusalén acudían multitudes que llevaban personas enfermas y atormentadas por espíritus malignos, y todas eran sanadas.
>
> —Hechos 5:14-16

> Dios hacía milagros extraordinarios por medio de Pablo, a tal grado que a los enfermos les llevaban pañuelos y delantales que habían tocado el cuerpo de Pablo, y quedaban sanos de sus enfermedades; también los espíritus malignos salían de ellos.
>
> —Hechos 19:11-12

¡Observa la facilidad con la que las personas eran sanadas y liberadas bajo los ministerios de Pedro y Pablo! Esto es lo que sucede cuando la unción está presente. Así es como debe ser hoy en cada iglesia. Este es el principio bíblico para buscar y encontrar tanto liberación como sanidad en Jesús: encontrar la unción y acudir a donde está. Colócate bajo la "sombra" de la unción.

La unción se liberaba a través de Pedro mientras ministraba, y la Escritura dice que todos los que acudían a recibir lo que él daba, ¡lo recibían! La unción que emanaba de Pedro era como una cascada. Bastaba con que la gente se colocara bajo ella y se empapaban. Ningún demonio ni enfermedad podía resistirse. Ninguna sequedad ni muerte podía permanecer en sus cuerpos. El reino de los cielos descendió sobre ellos simplemente porque hicieron las cosas a la manera de Dios y siguieron su principio de recibir sanidad y liberación.

Qué hace que los demonios se vayan

Cuando un hijo de Dios ordena a los demonios que se vayan, según los principios o leyes del reino espiritual que Dios ha establecido en su reino, estos se ven obligados a irse.

> Así mismo, el atleta no recibe la corona de vencedor si no compite según el reglamento.
>
> —2 Timoteo 2:5

Para que los atletas puedan competir por el primer premio, deben seguir las reglas establecidas de la competencia y cumplir con los estándares de calificación. A los atletas se les da la oportunidad de competir y, en última instancia, pueden obtener la victoria una vez que siguen las reglas específicas de la competencia. Así como ellos deben seguir las reglas de la competencia, los creyentes deben aprender y seguir los principios que rigen el reino espiritual.

Los demonios conocen las leyes espirituales a la perfección porque son espíritus y, por lo tanto, ven espiritualmente. Muchos creyentes son ciegos a las leyes del reino espiritual, por eso no logran expulsar demonios. Los demonios no tienen que obedecer si un hijo de Dios actúa ajeno a las leyes del reino espiritual. Es como si el creyente estuviera descalificado para expulsar demonios por haber quebrantado las reglas. A medida que continúes leyendo, descubrirás las leyes espirituales que deben comprenderse y seguirse para expulsar demonios con éxito.

Estas son las tres claves que, cuando se usan correctamente, garantizan la expulsión de los demonios:

1. Recibir la verdadera autoridad de Cristo.

> Cuando los setenta y dos regresaron, dijeron contentos:
> —Señor, hasta los demonios se nos someten en tu nombre.
> —Yo veía a Satanás caer del cielo como un rayo —respondió él—. Sí, les he dado autoridad a ustedes para pisotear serpientes y escorpiones y vencer todo el poder del enemigo; nada les podrá hacer daño.
>
> —Lucas 10:17-19

Jesús envió a setenta de sus discípulos a ministrar a la gente y también les dio el poder de expulsar demonios. Los demonios obedecieron a los discípulos y dejaron a la gente a la que ministraban. El Señor luego explicó que los demonios obedecían a los discípulos porque él les había dado autoridad sobre ellos. Cuando Jesús da autoridad, también significa que da unción. La autoridad y la unción van de la mano: cuando hay unción, también hay autoridad, y viceversa.

Al presidente de un país se le da autoridad sobre situaciones, personas, armas y ejércitos que no tenía antes de asumir ese cargo. El mandatario también recibe el poder de hacer cumplir su autoridad. Por ejemplo, a un presidente se le otorga el poder militar, policial y gubernamental para hacer cumplir cualquier orden que autorice. Cuando Dios está listo para derramar su unción sobre ti, te otorga su poder y su autoridad. Te da autoridad sobre los demonios y te da su poder para hacer cumplir la autoridad que tienes. Aun cuando los demonios intenten retrasar y luchar contra la orden que has dado, el poder de Dios los alcanzará como fuego y los obligará a irse. Cuando Dios le da autoridad a una persona, los demonios realmente la reconocen.

> Un grupo de judíos viajaba de ciudad en ciudad expulsando espíritus malignos. Trataban de usar el nombre del Señor Jesús en sus conjuros y decían: "¡Te ordeno en el nombre de Jesús, de quien Pablo predica, que salgas!". Siete de los hijos de Esceva, un sacerdote principal, hacían esto. En una ocasión que lo intentaron, el espíritu maligno respondió: "Conozco a Jesús y conozco a Pablo, ¿pero quiénes son ustedes?"
>
> —Hechos 19:13-15 NTV

Lo que el espíritu maligno realmente estaba diciendo era: "Sé que Jesús y Pablo tienen autoridad sobre mí, y estoy obligado a obedecer sus mandatos debido a las leyes espirituales. Pero veo espiritualmente que tú no tienes la misma autoridad que Jesús y Pablo tienen sobre nosotros, así que no te obedeceré".

Recibir autoridad sobre los demonios llega cuando Dios te considera digno de confianza para recibir la unción y la autoridad. Llega después que te rindes a Dios, eres probado a través del fuego purificador (una y otra vez) y muestras ser obediente continuamente. También llega en el tiempo perfecto de Dios, que a veces puede ser años después de que te rindas originalmente a Dios. Además, Dios puede liberar una pequeña porción de unción al principio de tu entrega para ver cómo la administras. El hecho de que veas la unción fluyendo a través de ti no significa que Dios automáticamente te considere digno de confianza por completo. Muchas veces, él derrama una medida de unción sobre una persona como prueba, no como un sello de aprobación.

2. Tener una fe firme en la autoridad que posees.

Jesús ha dado el regalo gratuito de la salvación a cada persona en esta tierra. Sin embargo, solo quienes creen que Jesús es el Señor recibirán la salvación. Jesús pagó el precio para que cada hijo de Dios sea sanado y liberado. Sin embargo, solo quienes creen que este regalo de sanidad y libertad es suyo lo recibirán. Este principio de fe se aplica a todo en el reino de Dios. Accedes al reino por fe. También accedes a la capacidad de expulsar demonios por fe. Si no tienes fe en la autoridad que Dios te ha dado, esa autoridad que tienes no te funcionará.

Dios puede darte unción y autoridad para expulsar demonios, pero ¿qué harás cuando un demonio comience a decir mentiras a través de una persona e intente intimidarte? ¿Creerás que realmente tienes la unción y la autoridad para expulsar al demonio? La autoridad que tienes funciona solo cuando crees que realmente la tienes. A un maestro de escuela se le da una posición de autoridad sobre los estudiantes. Pero si no tiene la confianza para mantenerse firme y disciplinar a los estudiantes cuando se portan mal, la autoridad no funcionará. Los niños lo pisotearán.

Los demonios vienen del diablo, que es el padre de la mentira. Por lo tanto, los demonios mienten. No quieren ser expulsados, por lo que a menudo te mienten, diciendo: "No tienes autoridad sobre mí", "No iré" o "Es mío". El objetivo de los demonios es hacerte creer sus mentiras para que cedas y dejes de ejercer tu autoridad sobre ellos.

Cuando era nueva en el ministerio de liberación, en mi cuarto mes expulsando demonios, ministraba en uno de nuestros primeros eventos de avivamiento. Muchos demonios abandonaban a la gente de toda la iglesia mientras el poder de Dios obraba con fuerza. De repente, un demonio gritó agresivamente a través de un hombre: "¡No me gustas ahí arriba! ¿Qué tienes que decir de mí?". Ese demonio intentaba intimidarme. Hablaba a través del hombre como si fuera un boxeador enorme que intentaba retarme a una pelea que obviamente ganaría debido a su tamaño. (Medía más de 1.80 metros y era musculoso). Me di cuenta de que los acomodadores estaban realmente preocupados por mi seguridad.

Por la gracia de Dios, había sido discipulada por mi padre espiritual, el profeta Dr. GeorDavie, que es un gigante en el espíritu y un general en el reino de Dios. Bajo su mentoría, Dios me había preparado para ser fuerte, valiente e inquebrantable en la fe de que mayor es el que está en mí que el que está en el mundo (1 Juan 4:4). Así que miré al hombre a los ojos y le dije con valentía: "Ven acá". El demonio se apoderó del hombre en ese momento, así que cuando le dije que viniera, tuvo que obedecer y caminar hacia el altar. El hombre caminó agresivamente hacia mí y comenzó a gritarme con una voz intimidante y furiosa. Me mantuve firme y, con calma pero firme, dije: "Rompo toda maldición sobre este hombre ahora mismo".

El demonio entonces dijo a través del hombre con fiereza: "¡Ojalá te callaras ahora mismo!".

Dije: "No me callaré. Debo ordenarte que te vayas, porque este hombre pertenece a Jesús".

En un momento dado, el demonio dijo: "Eso no va a suceder, señora".

Como me mantuve firme en la verdad, sabiendo que el demonio era un mentiroso, usé las llaves del reino (incluyendo pedirle al hombre que renunciara a las puertas abiertas que lo habían llevado a la opresión, algo que aprenderás en un capítulo posterior) y le ordené que se fuera, ¡y el demonio dejó al hombre!

Si hubiera mirado la realidad física —un hombre corpulento gritándome fuerte e intimidante— más que la realidad espiritual, me habría dejado llevar por el miedo. Pero por la gracia de Dios, me mantuve enfocada en las verdades espirituales y seguí creyendo en la autoridad que tenía. Los demonios no tuvieron más remedio que obedecer, ya que mantuve mi fe en Jesús, que estaba conmigo.

A lo largo de los años de mi ministerio, he vivido muchas situaciones como esa: un demonio gritando a través de una persona: "¡No me iré!". Algunos demonios han respondido rotundamente "¡No!" cuando empiezo a ordenar que se rompan las maldiciones. En otras ocasiones, el demonio se ha apoderado de la persona y ha empezado a correr fuera de la carpa de avivamiento o hacia la parte trasera de la iglesia. En esos casos, tal como un padre diría "¡Siéntate!" o "¡Vuelve aquí!" si su hijo se aleja desobedeciendo e irrespetuosamente, yo le hablaba con autoridad: "¡Vuelve aquí ahora!". Cada vez que eso sucedía, por muy fuerte que pareciera el demonio al principio, se veían obligados a obedecer la orden, y la persona (con el demonio apoderándose de ella) se dirigía hacia mí. Entonces le ordenaba que se fuera, y tenía que irse.

Cuando una persona recibe liberación, normalmente la verás pasar de un extremo a otro. Al principio, el demonio la domina, llenándola de una ira inmensa. Luego, cuando el demonio tiene que irse, la persona inmediatamente recupera la consciencia, comienza a llorar y se llena de una alegría infantil y asombro ante Jesús.

3. Ejerce tu autoridad apropiadamente.

Un líder puede saber que tiene autoridad, pero aun así debe ejercerla apropiadamente. Imagina un aula donde la mayoría de los alumnos se portan mal. Unos gritan, otros pelean y aun otros corren por el aula. El profesor ha recibido autoridad sobre los alumnos, pero debe comprender los principios de la autoridad y ejercerla adecuadamente, diciéndoles con firmeza que se detengan de inmediato. Podría requerirse una acción disciplinaria para poner orden.

Para mostrar un ejemplo de una forma incorrecta de ejercer autoridad sobre los alumnos, imaginemos que el maestro piensa que una sola orden severa para todos los alumnos no es suficiente. Así que solicita que varios maestros más entren al aula y luego asigna a cada alumno a una reunión individual con otro maestro, y cada maestro repite la misma orden severa. El maestro original no estaría actuando según el verdadero principio de autoridad. No comprendería cómo funciona la misma ni que se le había dado autoridad sobre todos los niños. Todo lo que el maestro tiene que hacer es creerlo y actuar de acuerdo a esa autoridad.

En el ámbito espiritual se aplican los mismos principios de autoridad. Repasemos un pasaje que consideramos anteriormente en este capítulo para ver un ejemplo bíblico de actuar correctamente con autoridad:

> Era tal la multitud de hombres y mujeres que hasta sacaban a los enfermos a las plazas y los ponían en camillas

> para que, al pasar Pedro, por lo menos su sombra cayera sobre alguno de ellos. También de los pueblos vecinos a Jerusalén acudían multitudes que llevaban personas enfermas y atormentadas por espíritus malignos, y todas eran sanadas.
>
> —Hechos 5:15-16

Cada lugar donde Pedro ministraba, fuera un templo, una iglesia o un espacio al aire libre, se consideraba su territorio espiritual, donde tenía plena autoridad. Los demonios deben irse cuando se ejerce la autoridad. Por lo tanto, ya sea que haya un demonio presente en una multitud de mil personas o cinco mil demonios en una multitud de mil personas (muchos demonios por persona), todos deben irse cuando la verdadera autoridad se ejerce sobre ellos.

La razón por la que *todos* los que estuvieron bajo la sombra de Pedro fueron liberados y sanados fue que (1) Pedro ejercía una autoridad verdadera y de alto nivel, a la que incluso los principados debían obedecer, y (2) Pedro ejercía su autoridad apropiadamente. No se dejó intimidar por la multitud. No limitó a Dios ni pensó: "Debo orar por cada persona individualmente". Él entendía cómo funciona la autoridad. Confiaba en la unción y la autoridad que poseía. Sabía también que, con solo pronunciar la orden, todos los demonios y enfermedades debían desaparecer de cada persona que estuviera en posición de recibir la unción a través de él. No asignó a otros ministros para que lo ayudaran a expulsar demonios y sanar a los enfermos, porque eso habría significado actuar al margen de las leyes de la autoridad, así como un alcalde no envía equipos a tocar la puerta de cada residente para repetir las palabras que ya ha pronunciado para todos.

Todos estamos llamados a vivir con autoridad, pero nunca fuera de nuestro territorio espiritual individual. El alcalde de una ciudad tiene su propio territorio y el alcalde de otra ciudad tiene otro territorio diferente. Los alcaldes ejercen autoridad en sus propios dominios; no tienen la misma autoridad en los territorios de los demás.

El centurión romano que acudió a Jesús comprendió cómo funciona la autoridad y, por lo tanto, pudo ver a Dios obrar un milagro en su siervo.

> Al entrar Jesús en Capernaúm, se acercó a él un centurión pidiendo ayuda:
>
> —Señor, mi siervo está postrado en casa con parálisis y sufre terriblemente.
>
> —Iré a sanarlo —respondió Jesús.
>
> El centurión contestó:
>
> —Señor, no merezco que entres bajo mi techo. Pero basta con que digas una sola palabra y mi siervo quedará sano. Porque yo mismo soy un hombre sujeto a órdenes superiores y, además, tengo soldados bajo mi autoridad. Le digo a uno "ve" y va; y al otro, "ven" y viene. Le digo a mi siervo "haz esto" y lo hace.
>
> Al oír esto, Jesús se asombró y dijo a quienes lo seguían:
>
> —Les aseguro que no he encontrado en Israel a nadie que tenga tanta fe.
>
> Luego Jesús dijo al centurión:
>
> —¡Ve! Que todo suceda tal como has creído.
>
> Y en esa misma hora aquel siervo quedó sano.
>
> —Mateo 8:5-10, 13

Jesús se ofreció a ir en persona y orar por el siervo individualmente. Pero el centurión comprendía cómo funcionaba la autoridad en su vida diaria ya que era soldado y tenía fe en que los mismos principios de autoridad también se aplicaban al ámbito espiritual. Comprendió que no era una oración individual la que ahuyentaba a los demonios y la enfermedad. Los demonios se van cuando un instrumento ungido ejerce su autoridad, incluso a distancia o en la multitud. La mayor revelación y fe del centurión bendijeron a Jesús, porque este sabía que con esa clase de fe se pueden obrar más milagros: una fe que no pone límites a Dios y le permite hacer mucho más.

He visto a Dios obrar de esta manera amplia y poderosa al ministrar a multitudes. Al declarar: "¡Este espíritu de enfermedad debe irse!", varias personas caen al suelo cuando el poder de Dios las toca y las libera. Al mismo tiempo, algunos gritan fuertemente (Hechos 8:7) y otros tosen cuando los demonios los abandonan. Otros no se manifiestan, pero son liberados, como testifican más tarde.

Cuando ministro en línea, ocurre una liberación masiva, tal como la que describí. A veces podemos verlo en una videollamada de Zoom: personas que retroceden, otras tosen, otras lloran, mientras que otras no se manifiestan, pero son liberadas. Los comentarios en vivo inundan la transmisión, con muchas personas testificando cómo sintieron que los demonios los abandonaban. Otros testifican haber sido liberados y sanados sin una oración individual. Simplemente se colocaron bajo la "sombra de la unción", y la ejecución de la autoridad fue efectiva. ¡Los demonios y las enfermedades tenían que desaparecer!

Hace poco ministré en un estadio en Manila, Filipinas, donde se reunieron ocho mil personas. Cuando declaré que los espíritus demoníacos debían irse, de repente se oyeron los gritos de los demonios mientras abandonaban a la gente por todo el estadio. Vi personas caer bajo el poder de Dios por todas partes. Muchos testificaron que fueron liberados y sanados, desde el fondo de la arena. Dios liberó a miles de personas a la vez mientras yo ejercía autoridad y liberaba la unción.

La manera en que Jesús y Pedro expulsaban demonios y sanaban a los enfermos es la forma correcta de ejercer la autoridad, lo que conduce a la liberación y sanidad más efectivas. Actuar en armonía con las leyes espirituales de Dios incluye ejercer la autoridad apropiadamente. Si no ejerces tu autoridad así, técnicamente no estás en armonía con los principios de Dios. Cuando actúas fuera de los principios de Dios, los demonios pueden esconderse y jugar con engaños. Es como cuando un maestro no ejerce su autoridad correctamente; los estudiantes lo saben y se aprovechan, jugando con engaños.

Lo mismo ocurre en el ámbito espiritual. La principal razón por la que los ministros y los creyentes en general tienen dificultades para expulsar demonios es que (1) carecen de la unción o autoridad, o (2) *no ejercen su autoridad correctamente.* Lo que he compartido en esta sección es una de las grandes claves del reino que Dios me ha guiado a liberar en este libro, y creo que también es una de las razones por las que hay eficiencia y verdaderos frutos de liberación y sanidad en mi ministerio. ¡Gloria a Dios!

Hay que entender los territorios espirituales

Uno de los principios de autoridad es que quien la tiene posee un territorio o dominio específico donde esa autoridad es efectiva.

Así como un presidente solo tiene dominio sobre su nación, nosotros también tenemos un territorio espiritual específico donde opera nuestra autoridad. El territorio espiritual de un líder con los cinco ministerios incluye a todos los que asisten a su iglesia. El territorio espiritual de un creyente que asiste a esa congregación puede incluir a familiares y amigos, compañeros de trabajo o personas que conoce al hacer recados o viajar; cualquier persona a quien Dios lo guíe a ministrar (fuera de la congregación de la iglesia) que esté dispuesta a escuchar acerca de Jesús o a recibir oración.

Aquí tenemos un ejemplo de cómo ministrar liberación correctamente en tu ámbito. En tu lugar de trabajo, durante el almuerzo, un compañero se sincera contigo tras ver que brillas con la luz (de Jesús) a diario y le has mostrado cariño. El compañero te dice que lucha contra la depresión. Observa que siempre pareces estar alegre, incluso en momentos difíciles. El compañero te pregunta cuál es tu secreto. Eso indica que la persona está dispuesta a compartir contigo su libre albedrío sobre Dios.

Esa persona acaba de entrar en tu territorio espiritual. Le dices que tu gozo se debe a Jesús y luego compartes tu testimonio, haciéndole saber que la liberación es posible a través de Jesús. El compañero de trabajo dice que desea ser liberado de la depresión. Entonces puedes preguntarle si desea que ores por él ya que crees que Jesús quiere liberarlo en ese mismo momento. Si responde que sí, puedes ejercer tu autoridad y ordenarle al espíritu de depresión que se vaya.

Se supone que la iglesia debe ser un lugar donde recibas equipamiento e impartición para vivir con tu autoridad en tu propio ámbito. No debe ser un lugar donde varias personas intenten ayudar a "Pedro" (el pastor) a expulsar demonios. La autoridad y la unción son más que suficientes en un verdadero líder ungido. No somos solo creyentes que asisten a la iglesia. Somos parte del *reino* de Dios. Un reino es un tipo de gobierno, y el reino de Dios incluye el gobierno del reino espiritual, del que también formamos parte. En cualquier gobierno, se nombran diversos líderes con distintos niveles de autoridad para hacer realidad la visión de la nación.

La visión de un país es traer paz, libertad, justicia, prosperidad y oportunidades a todos los habitantes de la nación. Esto se logra a través de individuos que ejercen autoridad en sus propios puestos en la sociedad, como el presidente, los gobernadores, los alcaldes, los abogados, los jueces, los policías, los maestros, los médicos, los empresarios y los padres (que tienen autoridad sobre sus hijos). Todos estos ejemplos tienen sus propios territorios donde ejercen autoridad para realizar su trabajo y hacer realidad la visión.

Así es en el reino de Dios. Jesús es el Rey de su reino. Él nombra y unge ministros que operan los cinco ministerios para que ocupen puestos de alta autoridad, tal como se nombra a las personas en los gobiernos y los reinos terrenales. Él ha designado a cada hijo de Dios para operar en diversos niveles y posiciones de autoridad. Cuando todos ejercemos nuestra autoridad en nuestros propios territorios, se cumple la visión del reino de Dios. La visión de Dios para el reino del que formamos parte es destruir las obras del diablo y extender el reino: abrir los ojos de los ciegos al amor de Dios, sanar a los enfermos y liberar a los oprimidos.

Si los padres intentan entrar en un aula y hacer el trabajo de los maestros, habrá problemas. Eso traerá desorden e interrumpirá lo que se supone que debe lograrse.

> Jesús conocía sus pensamientos y les dijo: "Todo reino dividido contra sí mismo quedará asolado; toda ciudad o familia dividida contra sí misma no se mantendrá en pie".
>
> —Mateo 12:25

Si el reino de Dios está dividido en cuanto al divino principio de la autoridad, habrá escapatorias para los demonios. Seremos más eficaces en la destrucción del reino diabólico cuando estemos unidos. Además, cuanto más obediente seas a Dios, haciendo las cosas a tu manera y ejerciendo tu autoridad adecuadamente, más unción y autoridad te dará, y más te respetarán los demonios. Anteriormente, vimos cómo respetaban los demonios a Pablo. Les quedó claro que él estaba verdaderamente ungido, tenía autoridad de alto nivel y ejercía su autoridad de manera apropiada. Estos factores hicieron que lo respetaran automáticamente y no pudieran andarse con rodeos cuando les ordenó que se fueran.

Para recibir liberación, es importante saber cómo funciona realmente. La clave para recibir liberación es posicionarte donde se libera la unción, tal como se hacía en los días del apóstol Pedro. También es fundamental que te posiciones bajo un ministerio verdaderamente ungido donde la autoridad se ejerza correctamente. No acudas a cualquier ministro de liberación. Algunos operan sin la revelación del principio de autoridad que he compartido en este capítulo.

Al buscar un ministerio ungido bajo el cual posicionarte, es vital determinar que esta revelación —tipo vino nuevo en cuanto a cómo expulsar demonios adecuadamente— opera allí. Recibir liberación no debería tomar varias horas ni ser muy doloroso. No se supone que seas maltratado; el ministro no debería tener que esforzarse mucho para expulsar al demonio. La opresión demoníaca te dejará con tranquilidad al posicionarte donde la verdadera unción y autoridad de alto nivel fluyen a través del siervo de Dios. ¡Esa unción y autoridad se transmiten a través de estas páginas! Recibirás liberación a medida que sigas leyendo, ¡y la obtendrás con facilidad!

Si buscas una congregación a la cual asistir, ya sea presencial o en línea, te recomiendo la 5F Church (mi iglesia). Allí encontrarás el poder de Dios y recibirás los milagros que necesitas.

Capítulo 5

QUÉ HACE QUE LOS DEMONIOS HUYAN

SEGUNDA CLAVE: LA FE

HASTA ESTE PUNTO he explicado cómo ocurre la opresión demoníaca y que la clave más importante para liberarte es la unción. También hablamos de la importancia de posicionarte donde se libera la unción. Ahora es el momento de aprender que la *fe* es otra clave vital para la liberación.

Todo en el reino de Dios se recibe por gracia, mediante la fe (Efesios 2:8). Esta es la manera de recibir no solo revelación en el ámbito espiritual, sino también sanidad y liberación. Muchas personas no acceden a su herencia completa como hijos de Dios simplemente porque no tienen fe en que les pertenece. Muchos creyentes solo aceptan la salvación de Dios que los libera de la eternidad en el infierno porque es lo único en lo que creen. Pero cuanto más creemos, más recibiremos. Jesús nos ha prometido vida abundante. Para recibirla, debemos creer abundantemente. Debemos creer que él nos proveerá esa vida que ha prometido.

¿Sabes qué es realmente la fe? Puede que tengas una comprensión parcial, pero en este capítulo te revelaré cómo tener una fe verdadera. Cuando comprendes y aplicas todos los aspectos de la fe, cualquier milagro es posible. Nada podrá impedirte recibir la liberación.

Fe en que la sanidad y la libertad son tuyas

El primer aspecto de la fe que debes tener es creer que la sanidad y la libertad son parte de tu herencia como hijo de Dios. "Por su llaga fuimos nosotros curados" (Isaías 53:5) significa que Jesús soportó la flagelación. Esa flagelación creó heridas que parecían llagas en su espalda, haciendo que su preciosa sangre se derramara. ¡Esa sangre no se vertió en vano! Dios permitió que Jesús soportara esa tortura con un propósito: pagar el precio y hacer el sacrificio para que tú recibieras sanidad y libertad del dominio del diablo. La liberación es el pan de los hijos (Marcos 7:27). En otras palabras, los que se acercan a Jesús con un corazón lleno de fe —como el de un niño— *recibirán* libertad.

Tan pronto como entregas tu vida a Jesús, recibes una herencia de Dios como hijo suyo, herencia que incluye sanidad y libertad. Las obras del diablo en tu vida, esas que te han traído enfermedad y opresión ¡deben desaparecer! Es como si estuviera escrito en un contrato en el ámbito espiritual. Una herencia terrenal se constituye de posesiones. Si alguien intenta robar la casa, el dinero o las joyas que heredaste, será detenido. Legalmente, esas posesiones son tuyas. ¡Nadie puede cambiar eso!

Así es exactamente en el ámbito espiritual. Con frecuencia, las personas le ruegan a Dios por sanidad y liberación como si eso no fuera su herencia. Oran como si fueran cosas que Dios no les ha dado aún. Pero técnicamente, Dios ya te ha dado sanidad y libertad. Quiere que creas que son tuyas. Es importante que tengas este tipo de fe. Conocer tu identidad y tus derechos como hijo de Dios es crucial para acceder a tu sanidad y tu liberación. Caminar con autoridad y rechazar la mentira del diablo de que "la enfermedad y la opresión son tu porción" es vital para acceder a tu sanidad y tu libertad. Pensar: "Supongo que Jesús no quiere sanarme; porque aún no ha sucedido, y he orado mucho" no es fe. ¡Tener fe en que *la sanidad y la liberación son tu herencia* es la forma de acceder a los milagros!

Piensa como si Jesús te hubiera preparado unos regalos de Navidad. Son muy caros. Están envueltos y tienen tu nombre. Jesús te los entrega. ¡Son tuyos! Pero tienes que abrirlos para recibirlos y usarlos. La fe es la forma de abrir los regalos. No necesitas pedirle a Jesús que vaya a buscarlos. Ya te los dio. Ahora necesitas abrirlos con fe en que son verdaderamente tuyos. Sé como el niño, que abre rápidamente el regalo en cuanto ve su nombre escrito.

Si vas a una iglesia o evento ministerial donde se manifiesta el poder de Dios, podrías presenciar la manera en que algunas personas reciben milagros mientras que otras no. La razón principal por la que las personas no reciben milagros es que no tienen la fe necesaria en que Jesús realmente quiere sanarlas y liberarlas. Muchos no tienen la fe precisa de que Jesús pagó el precio por su sanidad, por lo que el milagro ocurrirá. Por eso es tan importante la revelación de lo que significa tener fe.

Muchos creen en Dios y su bondad, pero se quedan ahí en cuanto a la fe. Actúan como robots, pensando: "Bueno, si Dios quiere sanarme, lo hará, y si no, no". Es como el niño que dice: "Si mis padres quieren que reciba este regalo, me lo abrirán". Tenemos que hacer nuestra parte cuando se trata de la fe en que Dios quiere sanarnos y liberarnos. Jesús ya hizo su parte y pagó el precio por nuestra sanidad, nuestros milagros. No podemos ser robots y no hacer nada. ¡Necesitamos tener fe!

> Una mujer de la multitud hacía doce años que sufría una hemorragia continua. Había sufrido mucho con varios médicos y, a lo largo de los años, había gastado todo lo que tenía para poder pagarles, pero nunca mejoró. De hecho, se puso peor. Ella había oído de Jesús, así que se le acercó por detrás entre la multitud y tocó su túnica. Pues pensó: "Si tan solo tocara su túnica, quedaré sana". Al instante, la hemorragia se detuvo, y ella pudo sentir en su cuerpo que había sido sanada de su terrible condición.
>
> Jesús se dio cuenta de inmediato de que había salido poder sanador de él, así que se dio vuelta y preguntó a la multitud: "¿Quién tocó mi túnica?".
>
> Sus discípulos le dijeron: "Mira a la multitud que te apretuja por todos lados. ¿Cómo puedes preguntar: '¿Quién me tocó?'?".
>
> Sin embargo, él siguió mirando a su alrededor para ver quién lo había hecho. Entonces la mujer, asustada y temblando al darse cuenta de lo que le había pasado, se le acercó y se arrodilló delante de él y le confesó lo que había hecho. Y él le dijo: "Hija, tu fe te ha sanado. Ve en paz. Se acabó tu sufrimiento".
>
> —Marcos 5:25-34 NTV

Esta mujer "había oído de Jesús". Había escuchado los testimonios de que sanaba a todos los que acudían a él. Entonces creyó: "Jesús quiere sanarme". Su fe no se limitaba a decir: "Creo que Jesús es el Señor y, si quiere sanarme, lo hará. Pero no estoy segura". Tenía la confianza de que, al llegar a su presencia, sanaría: "Si tan solo tocara su túnica, quedaré sana".

Observa que dijo "si tan solo", no "quizás". Jesús no la llamó egoísta, prepotente ni orgullosa por aceptar con confianza su sanidad. Jesús llamó aquello fe. Él reveló que, gracias a esa fe verdadera, pudo recibir su sanidad. ¡Mira el poder de la fe! Esta mujer acudió con fe, se colocó donde fluía la unción y de inmediato fue sanada. El poder de Dios la ubicó gracias a su fe. Su fe atrajo el poder de Dios para que la tocara. Jesús no tuvo que voltearse hacia ella y decirle: "Sé sana". ¡El solo hecho de posicionarse donde la unción fluía liberó la sanidad de inmediato!

Fe en el método de Dios para sanar y liberar

Además de tener fe en que la sanidad y la libertad son tu herencia, hay otro aspecto de la fe que debes tener, en la mayoría de los casos, para recibir tu milagro. Cuando Dios brinda sanidad, liberación y milagros, opta por obrar con poder a través de sus instrumentos ungidos.

Por diversas razones, algunas personas se sienten incómodas con el método divino de obrar con poder a través de instrumentos humanos. Algunas han sufrido en la iglesia y han presenciado abusos de poder. Por temor, se sienten incómodas al presenciar a un siervo de Dios obrar con poder divino. Pero el hecho de que hayamos visto abusos de poder en algunas iglesias no significa que debamos descartar el método de Dios para obrar milagros. El hecho de que haya habido ministros corruptos no significa que todos lo sean.

Algunas personas envidian a los siervos de Dios que viven en la unción y para la gloria de Dios. Muchos creen erróneamente que ya no hay apóstoles y que todos los profetas son falsos. Según Efesios 4:11-16, Cristo dio apóstoles, profetas, evangelistas, pastores y maestros al cuerpo como dones para equipar, madurar e impartir enseñanza, de modo que estos oficios continúen hasta que Jesús regrese.

> [Hizo esto] a fin de capacitar al pueblo de Dios para la obra de servicio, para edificar el cuerpo de Cristo. De este modo, *todos llegaremos a la unidad de la fe y del conocimiento del Hijo de Dios, a una humanidad perfecta que se conforme a la plena estatura de Cristo* [manifestando su plenitud espiritual y ejerciendo nuestros dones espirituales en unidad].
>
> —Efesios 4:12-13, énfasis añadido

Otras personas que se sienten incómodas con la manera en que Dios obra con poder están casadas con la tradición. No están dispuestos a aceptar un nuevo mover de Dios en el que el Espíritu Santo haga algo que no hemos visto en tiempos recientes. En general, el cuerpo de Cristo no ha visto Pedros ni Pablos modernos. En realidad, no han visto siervos de Dios operando bajo la unción como ocurría con los cinco ministerios del Libro de los Hechos.

Muchas personas descartan rápidamente una nueva manera en que Dios obra simplemente porque es novedosa y única. Algunos consideran que cualquier cosa diferente está mal solo porque es diferente. Sin embargo, Dios nos insta a seguir su Palabra; no la cultura ni las tradiciones cristianas actuales. Y la verdad es que *no hay nada nuevo en el poder de Dios obrando a través de vasos ungidos.* El Libro de los Hechos es nuestro modelo en cuanto a cómo debe ser la iglesia, donde las señales y los prodigios "siguen a los que creen" (Marcos 16:17) en un flujo constante, una demostración continua de que el reino de Dios ha invadido la tierra.

Dios está levantando y ungiendo a Pedros y Pablos modernos. Él se mueve hoy tal como lo hizo a través de esos dos apóstoles. Los enfermos y los oprimidos por demonios acuden en masa a donde se libera la unción, bajo la dirección de apóstoles y profetas verdaderamente ungidos. La unción se mueve con facilidad, expulsando un demonio tras otro y sanando todo tipo de enfermedades. No hay luchas con los demonios. La unción es verdadera y tan poderosa que huyen con una sola orden y, en algunos casos, tan pronto como la persona entra a la iglesia.

No es necesario maltratar ni empujar a las personas ni aplicarles técnicas extrañas (por ejemplo, colocarles objetos) para que los demonios se vayan. Simplemente huyen por la autoridad ejercida en la palabra.

Las sanidades y liberaciones ungidas que he descrito ocurren en la congregación que pastoreo, 5F Church, y en los eventos y conferencias en que ministro. ¡Toda la gloria sea para Dios! Me asombra absolutamente que, por su gracia, él derramara su preciosa unción en mi vida y me use como instrumento. Nunca quise ser ministro. Nunca quise ser líder y, definitivamente, no podía ni imaginarlo. Nunca quise hablar en público porque era mi mayor miedo y debilidad. Y aunque ver a la gente experimentar el amor de Dios a través de su poder era mi mayor alegría, no tenía ningún deseo de expulsar demonios. (Solo había visto a un par de personas hacer eso).

Sin embargo, Dios me llamó a ser apóstol. Recuerdo la respuesta de María al llamado de Dios cuando le dijo al ángel: "He aquí la sierva del Señor … Cúmplase en mí tu palabra" (Lucas 1:38). Eso fue lo que dije en mi corazón al aceptar el llamado. Me honra mucho que Dios me use para liberar y ayudar a su pueblo. Estoy muy agradecida por la poderosa unción que ha derramado sobre el cuerpo de Cristo en esta hora, la cual ha provocado un avivamiento.

> Creed en Jehová vuestro Dios, y estaréis seguros; creed a sus profetas, y seréis prosperados.
>
> —2 Crónicas 20:20 RVR1960

He experimentado la verdad de esta escritura en mi vida. Al creer y confiar en mi padre espiritual, que es profeta, he tenido éxito y he prosperado en mi llamado. Al seguir su guía profética y creer en las palabras que me declaró, he experimentado libertad, sanidad y abundancia en cada área de mi vida.

Para prosperar en salud y en todas las demás áreas de la vida, necesitas creer en los verdaderos siervos de Dios. Reconoce y honra a los verdaderos apóstoles y profetas de hoy, además de los otros ministros. Los conocerás por su fruto:

> Puedes identificarlos por su fruto, es decir, por la manera en que se comportan. ¿Acaso puedes recoger uvas de los espinos o higos de los cardos? Un buen árbol produce frutos buenos y un árbol malo produce frutos malos. Un buen árbol no puede producir frutos malos y un árbol malo no puede producir frutos buenos.
>
> —Mateo 7:16-18 NTV

Dios nos insta a buscar el buen fruto, de manera que cuando lo hallamos, podemos saber que procede de un buen árbol: un verdadero siervo ungido de Dios. A medida que Dios te ayuda a ver quién es verdadero, eres llamado a confiar y creer. Eres llamado a ir humildemente a la iglesia o al evento donde un siervo ungido de Dios esté ministrando. Ven con fe, creyendo que hay una verdadera unción sobre ese siervo de Dios y que la unción vendrá sobre ti para sanarte y liberarte. La Escritura dice que *todos* fueron sanados bajo la sombra (de la unción) del apóstol Pedro.

Uno de los secretos de la sanación de todos es que la gente tenía confianza y fe en el ministerio de Pedro. Habían escuchado los testimonios y visto el fruto. Confiaban y creían en la manera en que Dios obraba milagros a través de sus siervos ungidos. No tenían dudas ni escepticismo sobre el ministerio de Pedro. Tenían fe tanto en la unción de Pedro como en la manera en que Dios obraba a través de él. Comprendían y tenían fe en la manera en que funciona la autoridad, tal como lo demostró el centurión romano cuando le pidió a Jesús que "solo dijera la palabra" (Mateo 8:8).

Hoy en día, aunque algunas personas puedan creer que un siervo de Dios es ungido, no tienen fe en la manera en que Dios obra a través de él. Muchos tienen fe en la oración individual y en las formas tradicionales de orar. Pero tener fe solo en eso no es realmente tener fe en que Dios te sane; es más bien poner fe en que una persona te sane. Si eso es lo que piensas, tu fe no "suma" en el ámbito espiritual y puedes perderte el milagro. Los milagros ocurren cuando hay verdadera fe en Dios y en sus maneras de obrar con poder a través de instrumentos ungidos que viven bajo la autoridad o unción divina.

Para comprobar tu fe en la manera en que Dios opera milagros, colócate donde la unción fluya, ya sea asistiendo a la iglesia o a un evento ministerial en persona o viéndolo en línea. Ve con fe en que, al seguir el principio de Dios sobre cómo recibir sanidad y liberación, ¡las recibirás! Simplemente ve con confianza sabiendo que, así como todos fueron sanados bajo la sombra de Pedro, tú también lo serás hoy. Dios obrará con poder en ti como él quiera, ya sea mediante una oración individual con el siervo ungido de Dios o por la palabra declarada. Ven con fe, consciente de que todo demonio y toda enfermedad deben desaparecer a causa del sistema que Dios tiene de usar siervos ungidos para ejercer su autoridad.

No todos los milagros se manifiestan de inmediato, pero la Palabra de Dios nunca regresa vacía (Isaías 55:11). El siervo de Elías no vio la nube de la lluvia inmediatamente después de que el profeta le dijera que la buscara, pero eso no significaba que el milagro no estuviera ocurriendo. Elías le repetía una y otra vez que regresara a buscarla. Efectivamente, la séptima vez apareció la nube de lluvia (1 Reyes 18:43-44). ¿Por qué no apareció la nube de lluvia la primera vez?

De igual manera, Eliseo le dijo a Naamán que se sumergiera en el agua siete veces. La séptima vez fue sanado de la lepra (2 Reyes 5:10-15). ¿Por qué siete veces? ¿Por qué no pudo sanar después de la primera vez?

Jesús les dijo a diez leprosos que se presentaran a los sacerdotes. De camino, fueron sanados (Lucas 17:12-14). ¿Por qué no desapareció su lepra inmediatamente? ¿Por qué tardaron tanto en sanar?

La respuesta simple a todas estas preguntas es que, a veces, Dios elige desatar la sanidad y la liberación de esta manera. Él decide comenzar la sanidad en el ámbito espiritual y obrar en la vida de la persona —como una cirugía espiritual— hasta que comience a ver y sentir el resultado de lo que ya ha sucedido en el espíritu. A veces lo hace sin una razón específica. Simplemente lo elige así. Otras veces, la espera es una prueba de fe, obediencia y humildad.

Dios usa diversas circunstancias para probarnos y refinarnos. Para algunos, esperar a que la sanidad se manifieste es la manera en que él deliberadamente pone la prueba. Cuando ves a una persona liberada de inmediato, pero no notas ninguna diferencia en ti mismo, no significa que Dios ame más a esa persona. Ni significa necesariamente que la otra persona tenga más fe que tú. Muchas veces lo que significa es que Dios elige intencionalmente sanarte y liberarte con el tiempo, en un proceso, para sus propósitos perfectos.

Cuando recibes una declaración de un vaso ungido de Dios, como: "Todos los espíritus demoníacos deben irse; toda enfermedad debe desaparecer", es vital que creas que estas palabras no regresarán vacías. De hecho, cree que el milagro ocurrió en el momento en que se pronunció la palabra, ya sea individual o colectivamente. En eso consiste la acción de recibir tu milagro. Es como si un siervo de Dios lanzara una pelota. Si tus manos no están levantadas y abiertas, la pelota pasará de largo. Sin embargo, si las tienes alzadas, la atraparás. Creer y confesar: "Recibo; estoy sano; soy libre; creo que acabo de recibir mi milagro" representa la acción de levantar las manos y atrapar la pelota.

Al salir de la reunión, es importante que sigas declarando y creyendo que estás sano y libre, y que el milagro se *manifestará* en el ámbito físico. Eso implica seguir buscando la nube, sumergirte en el agua, obedecer y "presentarte a los sacerdotes".

¡No dejes que se te escape la oportunidad! No digas "Recibo" en el servicio religioso y luego, al día siguiente, cuando aún no hayas visto el milagro manifestarse, lo dejes pasar pensando: "Supongo que no fui sanado". ¡No dejes que las mentiras del diablo te hagan perder tu milagro! No reduzcas la cirugía espiritual antes de que el cirujano haya terminado. ¡Necesitas tomarte en serio el ámbito espiritual y luchar por tus milagros! Muchos están abortando sus milagros porque no han recibido este conocimiento espiritual. Te insto a que tomes estas palabras en serio. Dios no quiere que te pierdas los milagros que él hace.

Cuando todos estos aspectos de la fe estén presentes, creo que veremos el Libro de los Hechos cobrar vida, y será exactamente como sucedió con la sombra de Pedro. Todos eran sanados. Tu fe crecerá a medida que sigas creyendo que Dios quiere sanarte y liberarte. Recuerda confiar en que los caminos de Dios para sanar y liberarte son perfectos. No importa tu pasado ni tus pensamientos, el amor de Jesús por ti sigue siendo el mismo.

Capítulo 6

CÓMO ACTIVAR LA FE

La idea errónea más común en cuanto a la fe es que se basa en sentimientos. La verdad es que la fe es una elección. Dios te revela su amor y te das cuenta de que su existencia es innegable. No puedes verlo físicamente ni comprobarlo científicamente pero, en el fondo, sabes que es real. Depende de ti elegir creer que él es el Señor. Si eres de los que necesitan pruebas y aman la lógica, serás tentado por pensamientos y sentimientos que van en contra de la creencia de que Dios es real y que él es el Señor. Por tanto, debes tomar la decisión de resistir los pensamientos dudosos.

Cuando entregaste tu vida a Jesús por primera vez, probablemente tenías fuertes sentimientos de fe. Pero eso no significa que los sentimientos tengan que estar siempre ahí. La verdadera fe es perdurable. La verdadera decide someter tus pensamientos y sentimientos al pacto que hiciste con Dios el día que determinaste seguirlo. La verdadera fe es elegir creer en la Palabra de Dios cuando tus sentimientos no se alinean con la verdad de Dios. La fe tiene que ver con obediencia: obediencia al aceptar la Palabra de Dios como verdad.

> Pues, como el cuerpo [humano] sin el espíritu está muerto, así también la fe sin obras [de obediencia] está muerta.
>
> —Santiago 2:26

La Escritura no dice que "la fe sin sentimientos" esté muerta. Lo que afirma es que "la fe sin obras" está muerta. La fe es una acción, la decisión de aceptar lo que Dios dice en su Palabra como verdad. La fe es ser como un niño que simplemente acepta lo que sus padres dicen como verdad. El niño no necesita pruebas. El niño no se toma el tiempo de cuestionar lo que dicen sus padres. El niño no cree solo si sus sentimientos coinciden con su creencia. El niño, simplemente, cree.

> En ese momento, los discípulos se acercaron a Jesús y preguntaron:
> —¿Quién es el más importante en el reino de los cielos?
> Él llamó a un niño y lo puso en medio de ellos. Entonces dijo:
> —Les aseguro que a menos que ustedes cambien y se vuelvan como niños, no entrarán en el reino de los cielos.
>
> —Mateo 18:1-3

Una de las maneras de "volverse como niños" es tener una fe como la de un pequeño. En los evangelios, cuando Jesús dice cosas como "Tu fe te ha sanado", se refiere a esta fe. Al hablar con Jairo después de la muerte de su hija, Jesús reveló una clave que desencadenaría el milagro de la resurrección: ¡solo cree!

> Todavía estaba hablando Jesús cuando alguien llegó de la casa de Jairo, jefe de la sinagoga, para decirle:
> —Tu hija ha muerto. No molestes más al Maestro.
> Al oír esto, Jesús dijo a Jairo:
> —No tengas miedo; nada más cree y ella será sanada.
>
> —Lucas 8:49-50

Muchas veces, después que Jesús sanaba o liberaba a alguien, les explicaba por qué ocurría ese milagro: ¡porque creían!

> —¿Qué quieres que haga por ti? —le preguntó.
> —Raboni, quiero ver —respondió el ciego.
> —Puedes irte —dijo Jesús—, tu fe te ha sanado.
> Al instante recobró la vista y comenzó a seguir a Jesús por el camino.
>
> —Marcos 10:51-52

Entonces tocó sus ojos y dijo:

> "Que se haga con ustedes conforme a su fe".
> Y recobraron la vista.
>
> —Mateo 9:29-30

La Escritura dice "*conforme a* su fe", lo que significa que gracias a su fe los milagros pudieron ocurrir.

> Levántate y vete —dijo al hombre—; tu fe te ha sanado.
>
> —Lucas 17:19

Dios mide la fe por tus palabras y tus acciones, no por tus sentimientos. Con esta revelación, nada puede impedir que tengas una fe inmensa. Sin ella, siempre tendrías una fe vacilante y fluctuante; en las cimas tendrías fe, pero en los valles dudarías. La guerra espiritual en la que nos encontramos se centra principalmente en la mente. Ahí es donde residen nuestros pensamientos y nuestros sentimientos. Si alguna vez has tenido un pensamiento indeseado, ese no era tu pensamiento. Era la munición del diablo. Esperaba que te engañaras para que pensaras que era tu propio pensamiento original y, por lo tanto, que creyeras que era cierto. A partir de ahí, actuarías según esa verdad y vivirías en ella. Esta es la principal estrategia del enemigo contra cada persona. Al hacerte creer sus mentiras, le otorgas autoridad y, por lo tanto, puede dictar tu vida.

Al decir: "Lleva cautivo todo pensamiento a la obediencia a Cristo" (ver 2 Corintios 10:5), la Biblia te dice que tendrás pensamientos que no son tuyos, sino que son del enemigo. Esto incluye pensamientos de duda como "No creo que sanaré" y "No sé si Dios realmente quiere sanarme". No tienes que aceptar esos pensamientos como tuyos. Cuando aceptas a Jesús como Señor, lo aceptas en todos sus caminos. Su principal forma de hablar es a través de su Palabra. Jesús es la encarnación de la Palabra:[1] "En el principio era el Verbo, y el Verbo era con Dios, y el Verbo era Dios" (Juan 1:1). Cuando eliges hacer de Jesús tu Señor, también eliges hacer de la Palabra tu verdad. En la Palabra dice que por sus llagas fuiste sanado. También dice que tienes una herencia de Dios y que "el ladrón solo viene para robar, matar y destruir. Yo vine para que tengan vida y la disfruten, y la tengan en abundancia [en abundancia, hasta que rebose]" (Juan 10:10).

Estas escrituras son ahora tu verdad, pese a cómo te sientas al respecto en un día cualquiera. Tu decisión es más poderosa que tus sentimientos. Tienes autoridad sobre tus sentimientos. Tus sentimientos deben someterse a tu autoridad. David demostró este principio espiritual cuando se encontraba en una época tipo valle, experimentando mucho ataque espiritual.

> ¿Por qué estás tan abatida, alma mía? ¿Por qué estás tan angustiada? En Dios pondré mi esperanza y lo seguiré alabando. ¡Él es mi salvación y mi Dios!
>
> —Salmos 42:5

David esperaba expectante de que Dios lo defendiera y le diera la victoria. En esta escritura, admitió que se sentía deprimido y desesperado. A medida que pasaban los días y los ataques se intensificaban, enfrentó la tentación de ceder a esos sentimientos. Pero sabía que sus sentimientos no concordaban con la verdad que había decidido creer: la Palabra de Dios y su carácter. Así que tomó autoridad sobre su alma y habló. Cuando David dice: "En Dios pondré mi esperanza", ¡está tomando una decisión! Sin importar cómo se sintiera, tomó la decisión de seguir creyendo siempre.

Dios no dificulta la fe. No tienes que esperar que los sentimientos lleguen. No tienes que esperar que el diablo deje de atacar tu mente. ¡Puedes usar la autoridad que Dios te ha dado y actuar ya! Puedes rechazar las mentiras del diablo y elegir la verdad de Dios diciéndola en voz alta. Tu confesión es lo que Dios considera como fe. Puedes tener muchos pensamientos de que no serás sanado, pero Dios no se fija en tus sentimientos. Él escucha lo que dices. Cuando declaras: "Soy sano por las llagas de Jesús" y "Sé que Jesús quiere sanarme, porque esta es mi herencia", Dios considera eso como tu fe. La fe es cuando dices: "Creo en la manera en que Dios obra a través de sus vasos ungidos. Creo que la unción que fluye a través de este vaso es verdadera y que la sanidad o la liberación vendrán al ponerme bajo la unción". Tu fe y tu declaración son lo que libera el poder de Dios para sanarte y liberarte.

¿PUEDE ALGUIEN SER SANADO SIN FE?

En la mayoría de los casos, las claves principales para desatar la sanidad y la liberación son la unción (colocarse donde se libera) y la fe. Sin embargo, esto no significa que la fe de una persona siempre sea necesaria para que su liberación y sanidad se produzcan.

Por ejemplo, la Biblia registra casos en los que la fe de un amo, un padre y algunos amigos desencadenó milagros. Un centurión romano tuvo fe en que su sirviente sanaría. Jesús dijo: "Vuelve a tu casa. Debido a que creíste, ha sucedido". Y el joven siervo quedó sano en esa misma hora (Mateo 8:13 NTV).

Jesús le dijo a Jairo: "Solo ten fe, y ella será sanada" (Lucas 8:50 NTV). Cuando Jairo creyó y Jesús le ordenó a la niña que "se levantara" (ver v. 54), ella resucitó.

En otra ocasión, unos hombres cargaron a un hombre paralítico en una camilla y lo bajaron por un techo entre la multitud, frente a Jesús. "Al ver la fe de ellos, Jesús le dijo al hombre: 'Joven, tus pecados te son perdonados'" (Lucas 5:20 NTV). Ver la *fe de ellos*, no la del hombre, fue lo que llevó a Jesús a sanarlo.

En todos esos casos, fue una persona o varias las que creyeron por un ser querido quienes desencadenaron el milagro. Hoy Jesús actúa de la misma manera: a veces, una persona recibe sanidad y liberación gracias a la fe de otra. Una vez en mi iglesia, mientras oraba por una familia, el adolescente comenzó a manifestarse. Entonces, los demonios lo abandonaron y cayó al suelo. Una vez que se levantó, se quitó las gafas y, con una expresión de asombro, declaró: "¡Ya veo!".

Su madre contó más tarde que estaba deprimido y se quedaba en su habitación todo el tiempo. No quería ir a la iglesia ese día, pero su madre insistió. Así que no fue con fe, pero su madre sí, ¡y Jesús se movió debido la fe de ella! El joven contó el testimonio después del servicio: una vez liberado, mientras yacía en el suelo, experimentó un encuentro celestial con Jesús. Pasó de estar deprimido, desinteresado en Dios y apático con respecto a la iglesia a ser liberado, sanado y tener un encuentro cara a cara con Jesús. Todas estas experiencias con Dios despertaron en él un fuego tan sobrenatural que testificaba con pasión. ¡Esa libertad, sanación y encuentro fueron posibles porque su madre creyó!

A veces, una persona es liberada o sanada sin fe, aunque esto es menos probable. A menudo, es la manera en que Dios la busca. Él tiene esta gracia donde la fe no siempre es necesaria porque algunos aún no han encontrado su amor. Amamos a Dios después de encontrar su amor. Dios quiere que lo conozcamos y elijamos por nuestra propia voluntad si lo seguimos o no. No quiere que solo escuchemos hablar de él y lo sigamos porque otros nos presionaron o nuestros padres nos dijeron que debíamos hacerlo. En la búsqueda de Dios por su pueblo, muchas veces revela su amor a través de su poder.

Así es como Dios me buscó, lo que me llevó a enamorarme de él y a entregarlo todo. Fui creyente toda mi vida, pero no fue hasta los veinticinco años que encontré su poder. Antes de eso, creía en Dios y creía que me amaba, pero no era un "conocimiento" ni una comprensión real de la profundidad de su amor. Gran parte de mi fe se basaba en la palabra de los hombres y en la fe de mis padres.

> No les hablé ni prediqué con palabras sabias y elocuentes, sino con demostración del poder del Espíritu, para que la fe de ustedes no dependiera de la sabiduría humana, sino del poder de Dios.
>
> —1 Corintios 2:4-5

Cuando encontré a Dios en poder por primera vez, conocí verdaderamente a Jesús, ¡y me enamoré! Este amor fue lo que me impulsó a entregarle mi vida entera. Nunca he mirado atrás. Una vez que encontré el poder de Dios, mi fe se basó en eso. Su poder es parte de su naturaleza. Él es el Rey del reino de Dios, y este reino no es cuestión de palabras, sino de poder. Es como la diferencia entre escuchar sobre una persona y sus palabras a través de un mediador y luego conocerla en persona, cuando puedes ver sus ojos, sentir su apretón de manos o su abrazo, y escuchar su voz.

Dios revela su amor a las personas a través de su poder de diversas maneras. Puede presentarse y revelarles su amor a algunos liberándolos. En casi todas las liberaciones que presencio semana tras semana, el rostro de la persona refleja una expresión de asombro al ser liberada. Se nota que ha "mirado a los ojos de Jesús". Se nota que ha encontrado su amor como nunca antes.

En un servicio en que ministraba, un hombre que —según se decía— necesitaba una "liberación de emergencia" fue empujado al escenario, pero me di cuenta de que no quería estar allí. No mostraba ningún deseo de recibir oración y ser liberado. El Espíritu Santo me guió a decirle con dulzura: "Dios quiere liberarte. Pero depende de ti. Tienes libre albedrío".

Dudó un momento y luego dijo: "Llevo diecinueve años consumiendo drogas. He hecho muchas cosas malas".

Empecé a orar por él y, en cuanto empecé a ministrarle, un demonio habló desde su interior diciendo: "No voy a dejarlo ir". Así que les ordené a los demonios que lo dejaran y, en cuanto hice eso, el hombre empezó a sollozar y a sostenerse la cabeza entre las manos. ¡Quedó libre! Dijo: "Lo siento, Dios", y continuó confesando y arrepintiéndose. Se disculpó por llorar y dijo: "Nunca había llorado. Los hombres no lloran". Le dije que era imposible no llorar en la presencia de Dios porque su amor es inmenso.

Más tarde confesó que había ido al evento con la intención de detener la obra de Dios. Pero la gracia de Dios es inmensa. Así como Jesús le reveló su amor a Saulo cuando se dirigía a intentar detener el mover de Dios, Dios también le reveló su amor a este hombre.

Una satanista solía aparecer en todas mis transmisiones en vivo y decía cosas muy viles y odiosas sobre Jesús y sobre mí. Los moderadores le impedían comentar, pero ella creaba nuevas cuentas sin detenerse y seguía escribiendo cosas horribles. Un día, el poder de Dios la tocó a través de la pantalla mientras veía la transmisión en vivo. Fue liberada de la depresión y de los pensamientos suicidas (había intentado suicidarse varias veces). Después de recibir la liberación, descubrió el amor de Dios por ella y le entregó su vida.

¿Puedes expulsar demonios de alguien que no es salvo?

Como puedes ver en los ejemplos anteriores, ¡es absolutamente posible expulsar demonios de personas que no son creyentes! Si le niegas la liberación a una persona no salva, también niegas el amor de Dios. Cuando Jesús expulsó demonios de las personas, nunca les exigió que primero confesaran la oración del pecador. La Biblia dice que las personas acudían a él y las sanaba. Acudían a Jesús por curiosidad, fe o incluso por escepticismo, y él les mostraba su amor sanándolas y liberándolas.

Jesús dice que una fe del tamaño de un grano de mostaza puede mover montañas (Mateo 17:20). De modo que no menosprecies la fe del tamaño de un grano de mostaza en una persona. Para muchos, eso es suficiente para eliminar la montaña de opresión demoníaca y ceguera espiritual.

Cuando una persona asiste a un servicio religioso en el que ministra un siervo ungido de Dios, entra en el territorio espiritual de ese instrumento. Muchos han testificado de ataques espirituales que intentaron impedirles asistir a mi iglesia o a un servicio en el que yo ministraba. Eso se debe a que los demonios saben que una vez que la persona entra al servicio religioso (o enciende la transmisión en vivo), ha entrado en mi territorio de autoridad espiritual, donde debe hacerse la voluntad de Dios y establecerse el reino de los cielos. Eso significa que los demonios deben irse y la gente debe ser sanada. Los demonios saben que su tiempo se acaba cuando las personas que ellos oprimen se colocan bajo la unción.

Asistir a un servicio religioso o ver una transmisión en vivo donde está el poder de Dios es, en realidad, un acto de fe. Recuerda, Dios considera las acciones, no los sentimientos, como fe. Incluso puedes tener pensamientos y sentimientos de duda, pero —de todos modos— vas al servicio religioso. ¡Eso es fe!

La cantidad de fe necesaria para que ocurra el milagro depende de cada persona, caso por caso. Un satanista al que nunca le hablaron de Jesús puede recibir liberación con solo ver una transmisión en vivo (sin fe y solo con malas intenciones). Liberar a la persona que nunca escuchó de Jesús puede ser la forma en que él se presente y revele su gracia. Por otro lado, Dios puede requerir más fe para recibir sus milagros de una persona que ya es creyente.

> A todo el que se le ha dado mucho se le exigirá mucho;
> y al que se le ha confiado mucho se le pedirá aún más.
>
> —Lucas 12:48

Esta declaración significa que no podemos ser perezosos y menospreciar a Dios. La sanidad y la liberación son nuestra herencia como hijos de él. Los verdaderos hijos de Dios se entregan y le obedecen. Cuando Dios nos instruye a resistir las mentiras del diablo y a creer, debemos hacerlo actuando intencionalmente. Debemos vivir como verdaderos hijos de Dios para recibir sus beneficios.

Ten en cuenta que quien está lejos de Dios, pero recibe liberación, puede necesitar muchos más niveles de liberación. Dios puede liberar a una persona de un nivel de opresión demoníaca para revelarle su amor y que pueda seguirlo, y luego el resto de la liberación y la sanidad vendrán a medida que esa persona camine en fe y obediencia.

LA CLAVE DE LA ENTREGA

Para una liberación y una sanidad completas, la entrega es clave. Si le abres las puertas al diablo, los demonios seguirán entrando. Mantener las puertas abiertas al enemigo también le muestra a Dios que no lo valoras a él ni sus dones, lo cual te impide recibir milagros. Tienes la opción de convertirte en una esponja o en una roca que se posa en un arroyo. Si eliges ser una esponja a través de la entrega, absorberás toda la unción y serás completamente sanado y liberado. Pero si decides ser una roca (con las puertas abiertas, viviendo en pecado), no importa cuántas veces se ore por ti con la unción, nada cambiará. Nunca encontrarás la herencia completa sin entregarte. Depende de ti aferrarte a tu herencia completa de vida abundante.

Capítulo 7

QUÉ ESPANTA DEFINITIVAMENTE A LOS DEMONIOS

TERCERA CLAVE: LA RENUNCIA

COMO YA HE comentado, las claves principales para la liberación son (1) posicionarte donde fluye la unción y (2) tener fe. Cuando un alto nivel de unción fluye a través del siervo de Dios, en muchos casos, esa unción y la fe son las únicas claves necesarias. Sin embargo, ¿a qué me refiero con "alto nivel"?

DIFERENTES NIVELES DE UNCIÓN

> No tenemos lucha contra sangre y carne, sino contra principados, contra potestades, contra los gobernadores de las tinieblas de este siglo, contra huestes espirituales de maldad en las regiones celestes.
>
> —EFESIOS 6:12 RVR1960

Esta escritura describe diversos niveles de poderes demoníacos, siendo los principados el nivel más alto. El reino de las tinieblas es una copia y una distorsión del reino de Dios que utiliza los mismos principios del reino espiritual, pero para el mal en lugar del bien. El reino de Dios también tiene diferentes niveles de poderes y autoridades. Los ministros quíntuples poseen los niveles más altos de unción, y los apóstoles y profetas ocupan el nivel más alto, ya que son el fundamento de la iglesia, con Cristo Jesús como la piedra angular (Efesios 2:20). Hay dos razones para esta disposición. Los ministros quíntuples deben poseer los niveles más altos de unción porque (1) son quienes equipan y derraman en otros, y (2) ellos, especialmente los apóstoles y profetas, están obligados a ministrar en liberación y lidiar con los poderes demoníacos, liberando a los oprimidos.

En el Libro de los Hechos, los apóstoles eran los principales siervos de Dios que realizaban milagros por el poder de Dios:

> Todos estaban asombrados por los muchos prodigios y señales que realizaban los apóstoles.
>
> —Hechos 2:43

> Dios hacía milagros extraordinarios por medio de Pablo, a tal grado que a los enfermos les llevaban pañuelos y delantales que habían tocado el cuerpo de Pablo, y quedaban sanos de sus enfermedades; también los espíritus malignos salían de ellos.
>
> —Hechos 19:11-12

Que Dios hiciera milagros "extraordinarios" a través de Pablo indica que este poseía una unción maravillosa, de un nivel alto y más intensa de lo habitual.

Cuanto más grande sea la hoguera, más se sentirá el calor. Cuanto mayor sea la unción, más demonios sentirán el ardor de esa unción. Con un nivel menor de unción, los demonios pueden sentirse agitados e incómodos. Pueden comenzar a manifestarse, pero dependiendo de si el nivel de unción coincide con el nivel de poder demoníaco, los demonios pueden o no irse. A algunas personas les cuesta expulsar demonios, por lo que invierten muchas horas y esfuerzo físico en el proceso. La razón principal de esa dificultad es que no hay unción o esta no es suficiente para combatir el poder demoniaco.

La liberación masiva —muchas personas liberadas a la vez con poco esfuerzo por parte del siervo de Dios— es una indicación de que una unción de alto nivel está operando a través de ellas. "Por sus frutos los conoceréis" (Mateo 7:16 RVR1960). Los frutos a los que se refiere este versículo son los que produce el carácter del siervo de Dios, como la humildad, el amor (incluido el amor a los enemigos), la mansedumbre, el dominio propio y la abnegación (Gálatas 5:22-23). La palabra *frutos* también representa cualquier sanidad, liberación, salvación y transformación que se esté produciendo. Cuando veas testimonios verdaderos, sabrás que las manifestaciones (retroceder, gritar, toser, llorar, etc.) son auténticas. Debes juzgar no solo por las manifestaciones, sino por los testimonios de las personas en cuanto a los verdaderos milagros y los cambios que están ocurriendo en sus vidas.

Es muy importante que no operemos como ministerios individualistas y egocéntricos, sino como el verdadero reino que somos. Debemos identificar dónde están los Pedros y los Pablos de la actualidad, porque algunas personas solo pueden ser liberadas bajo una unción de alto nivel. Esas personas están atadas por principados o una compleja opresión que solo la unción de alto nivel puede destruir.

En este avivamiento en el que hemos entrado, Dios ha levantado Pedros y Pablos modernos. Abre los ojos y ve el gran poder de Dios que se ha desatado en la tierra. No te quedes estancado en la burbuja de tu iglesia tradicional. No cierres los ojos al resto del reino y a una unción de mayor nivel bajo la que Dios necesita que te posiciones para ser completamente libre o para recibir impartición.

El cuerpo de Cristo necesita operar en unidad, como un verdadero reino, para que ningún creyente quede atrapado en la opresión demoníaca. Dios ha desatado la solución. Su unción está aquí. Sus siervos ungidos están desatando una poderosa unción. Muchos pastores necesitan asegurarse de que sus ovejas sean alimentadas adecuadamente, liberándolas para que reciban la unción que necesitan, reconociendo los dones que Dios ha dado a todo el cuerpo de Cristo: apóstoles y profetas, además de evangelistas, pastores y maestros.

LA CLAVE DE LA RENUNCIA

La siguiente clave más común que muchos necesitan para liberarse es la de la renuncia. *Renunciar* significa "declarar formalmente el abandono de (un derecho, posesión o pretensión)".[1] Dios te ha dado autoridad para aceptar su voluntad y su porción para tu vida o la del diablo. Cuando usas tu autoridad para aceptar únicamente lo que Dios desea para tu vida, la porción de Dios se manifestará y verás cómo se cumple su voluntad en tu vida día a día. La porción de Dios para ti incluye una herencia de sanidad, libertad y vida abundante.

La porción y el deseo del diablo para tu vida son opuestos a los de Dios. El diablo desea muerte, destrucción y escasez. Quiere que vivas en esclavitud, enfermedad y pobreza. La manera de actuar con autoridad para hacer realidad la voluntad de Dios es rechazar todas las mentiras del diablo y los ataques que parecen reales, como si una vida llena de ataques y esclavitud fuera tu porción. Antes de que la opresión y la enfermedad se conviertan en una realidad en tu vida, comienzan en el ámbito espiritual como armas forjadas contra ti que aún no han prosperado.

> Ninguna arma forjada contra ti prosperará.
>
> —Isaías 54:17 RVR1960

Recuerda, tenemos libre albedrío. Si no queremos que esas armas prosperen, debemos hacer lo que Dios nos ha llamado a hacer y ejercer autoridad sobre ellas. No podemos simplemente vivir como queramos, sin hacer nada en el ámbito espiritual mientras Dios impide que todas las armas prosperen. Debemos decidir si permitiremos que lo hagan. Si decidimos actuar con autoridad, accederemos al poder de Dios y él impedirá que prosperen. Pero si no actuamos así y simplemente permitimos que las armas nos ataquen, desactivamos la ayuda de Dios y permitimos que prosperen.

> Sométanse a Dios. Resistan al diablo y él huirá de ustedes.
>
> —Santiago 4:7

Resiste las mentiras y los ataques del diablo que vienen como armas en el ámbito espiritual, y entonces estas armas no prosperarán. La mayor parte de la opresión podría haberse detenido si uno se hubiera resistido a las mentiras del diablo. En general, esta doctrina del vino nuevo en cuanto a comprender el poder de tu autoridad y cómo vivir en ella se ha pasado por alto en los sermones y enseñanzas de todo el cuerpo de Cristo. Debido a esta falta de conocimiento, muchas personas han permitido que la opresión demoníaca ocurra sin saberlo.

Por ejemplo, el espíritu de ansiedad no entra de inmediato en la persona; se le da acceso. Comienza como un arma: una mentira del enemigo, que le dice a la mente: "¡Ten miedo!". La manera de obtener la victoria sobre este ataque es decir en voz alta: "Rechazo el miedo". También podrías decir: "Reprendo el miedo" o "Resisto al miedo". La redacción exacta no importa, solo el significado. Entonces debes proclamar la verdad de Dios de su Palabra. Esta es la acción de aceptar y reclamar la voluntad y la porción de Dios en lugar de la del enemigo. Di en voz alta: "Dios no nos ha dado un espíritu de cobardía, sino de poder, de amor y de dominio propio" (2 Timoteo 1:7). También podrías decir: "Jesús me ha prometido paz perfecta en toda circunstancia. Esta es mi herencia de Dios, y nadie me la puede robar" (ver Isaías 26:3). Al rechazar las mentiras del diablo y declarar la verdad de Dios, estás llevando a cabo la acción de someterte a Dios.

Si actúas de esta manera cuando eres atacado por primera vez, el arma no puede prosperar. El diablo debe huir cuando lo resistimos y nos sometemos a Dios. Es una ley espiritual.

La enfermedad, en muchos casos, no comienza en el ámbito físico, sino en el espiritual, como un arma. Cuando tengas síntomas de enfermedad, experimentes dolor o recibas un diagnóstico desfavorable del médico, emprende inmediatamente la acción espiritual para reclamar la porción de sanidad de Dios. Esta acción te dará la victoria sobre el intento del diablo de robarte la salud. Di en voz alta: "Rechazo toda enfermedad", "Rechazo este diagnóstico" o "Rechazo este dolor". Puedes hacerlo al salir del consultorio; no es necesario decirlo inmediatamente ni delante de otras personas. Luego puedes declarar: "Por las llagas de Jesús estoy sano. Gracias, Jesús, por sanarme". Una vez más, las palabras exactas no importan; lo relevante es el significado.

Aplica este principio de rechazar los ataques del diablo y declarar la verdad de Dios a cualquier tipo de ataque del enemigo, ya sea relacionado con la adicción, tu sueño, tu salud mental, tu familia, tus finanzas o algo similar.

> Los que son de Cristo han crucificado la carne con sus pasiones y deseos. Si vivimos por el Espíritu, andemos también por el Espíritu.
>
> —Gálatas 5:24-25

Otras claves importantes para obtener la victoria sobre los ataques demoníacos implican negar la carne, vivir según el Espíritu y mantener las puertas cerradas al enemigo (Efesios 4:27). Si has tenido un ataque de ansiedad, haz un inventario de las puertas espirituales que pudiste haber abierto y que podrían haberlo causado. Un ataque de ansiedad no siempre significa que haya una puerta abierta, pero a menudo es así. ¿Has estado viendo películas de terror, demasiadas noticias o quizás demasiados comentarios sobre política? ¿Has estado escuchando las voces erróneas que hablan de su miedo al futuro? ¿Has estado meditando sobre las incertidumbres y los obstáculos de tu vida? Asegúrate de negar la tendencia de tu carne a guiarte por tus sentimientos y, por lo tanto, abrirle puertas al enemigo en estas áreas.

La tentación de consumir cada vez más alcohol, azúcar, café, redes sociales y otras sustancias es una señal de advertencia de que el diablo está tratando de atarte con un espíritu de adicción. Si sientes esas tentaciones, debes negar la carne y ayunar, sea cual sea la tentación. En cuanto a tu salud, asegúrate de hacer todo lo necesario para cuidar bien tu cuerpo. Si no duermes lo suficiente o comes mal, le estás abriendo la puerta al diablo para que traiga enfermedades. Mantén tu boca siempre alineada con la verdad de Dios. Nunca te permitas expresar pensamientos y sentimientos que se alineen con la voluntad del diablo.

Como ya mencioné, a veces la opresión demoníaca ocurre porque un familiar de una generación anterior, no la persona misma, abrió la puerta. Una vez que se le da autoridad al enemigo al abrir puertas y permitir la voluntad del diablo, se produce la opresión demoníaca. Una clave importante para desbloquear esta liberación para muchos es renunciar: hacer lo que se debía haber hecho antes de que ocurriera la opresión, cuando era un arma forjada contra ti.

Renunciar es rechazar la voluntad del diablo en tu vida. Es como decir: "Antes aceptaba la porción del diablo al creer y declarar que tenía ______________ (ansiedad, depresión, una enfermedad, insomnio, adicción, etc.). De ahora en adelante, ya no acepto esto como mi porción. Rechazo ____________. Ahora acepto solo la porción de Dios para mi vida. Acepto y recibo mi libertad y mi sanidad".

> Muchos de los que habían creído llegaban ahora y confesaban públicamente lo que habían hecho.
>
> —Hechos 19:18

Esta escritura revela que quienes eligieron seguir a Jesús estaban renunciando públicamente. No confesaban sus pecados con franqueza solo para ser vulnerables y "desahogarse", por así decirlo. Lo hacían para renunciar, y esta fue la clave para alcanzar su liberación.

Renunciar debilita el control del diablo

Al renunciar, expulsas al demonio(s) al decir: "No te quiero aquí, y no tienes derecho legal a estar aquí, ya que soy hijo de Dios. Estoy eligiendo la voluntad de Dios para mi vida". Recuerda, es la unción la que destruye el yugo, por lo que es importante renunciar a cualquier pecado o puerta abierta cuando la unción está presente para liberarte. De lo contrario, podrías estar renunciando y debilitando a los demonios hasta el punto de que se manifiesten, pero no se vayan. En situaciones así, los demonios podrían "jugar" contigo, hablando a través de ti y manifestándose continuamente sin irse. Por eso es tan crucial estar alineado con los principios de Dios en lugar de expulsar demonios de cualquier manera.

No hay un solo ejemplo de una persona que se haya liberado de un demonio en la Biblia. Al contrario, Jesús les dijo a sus discípulos que expulsaran demonios de los demás. Considera que cuando un prisionero está en una celda, no puede liberarse. Necesita a alguien con una llave que no esté en prisión para que abra su puerta.

Cuando sepas que necesitas liberación, dedica tiempo al Espíritu Santo y permite que te revele todo aquello a lo que debes renunciar. Además de renunciar a las cadenas específicas de opresión (adicción, enfermedad, ansiedad, depresión, etc.), es importante renunciar a las puertas abiertas por las que la opresión pudo haber entrado. Si has pronunciado palabras de muerte, estando de acuerdo con la porción del diablo, *renuncia a pronunciarlas*. Si has declarado que la enfermedad es tu porción, renuncia a hacerlo. Si has visto videos o escuchado música que te causó ansiedad o depresión, renuncia a eso. Si has sido abusado, renuncia al abuso. Si has meditado en mentiras del diablo o cosas pecaminosas, renuncia a eso.

Sea cual sea tu pecado, renuncia a él. Dedica tiempo a escribir una lista de todo aquello a lo que necesitas renunciar. Ten temor de Dios al hacer tu lista de renuncias, y tómala muy en serio. Para algunos, renunciar a ciertos detalles es esencial. Por eso, deberías dedicar tiempo al Espíritu Santo para que te revele todo aquello de tu pasado a lo que necesitas renunciar.

Cinco tipos de opresión demoníaca

Existen cinco tipos diferentes de opresión demoníaca: espíritus demoníacos (demonios), maldiciones generacionales, maldiciones verbales, ataduras demoníacas del alma y pactos demoníacos. Cuando una persona está oprimida, puede tener uno, algunos o todos estos. Cuanto más compleja sea la opresión, más importante es renunciar. Toda persona oprimida debe renunciar, sea o no técnicamente necesario para la liberación. Renunciar es simplemente vivir bajo tu autoridad y resistir las garras del diablo en tu vida. También es parte del arrepentimiento y de tomar la decisión de dejar atrás tus malos caminos para comprometerte a seguir a Jesús.

Renuncia a las maldiciones generacionales

Algunos problemas se repiten generacionalmente. Por ejemplo, algunas familias, por mucho que trabajen de generación en generación, están atrapadas en la pobreza y nunca logran salir adelante. Otras familias ven a padre e hijo con adicciones. Otras ven a madre e hija con ansiedad incontrolable y ataques de pánico. Aun otras encuentran que el cáncer se repite una y otra vez en cada generación. La razón de cada uno de estos escenarios suele ser una maldición generacional.

Estás conectado con tus generaciones pasadas a través de tu linaje. Si hubo una puerta abierta en una generación anterior, eso pudo haber permitido que una maldición generacional pasara a toda la línea familiar. Recuerda, al enemigo solo se le permite tener acceso cuando se le permite. Las maldiciones generacionales ocurren porque se abrió una puerta en generaciones anteriores.

Es posible que un niño experimente opresión. Algunos chicos han luchado con sus identidades desde pequeños. Otros niños han tenido ira, pesadillas, enfermedades mentales o ansiedad desde muy chicos. En muchos de estos casos, la raíz es una maldición generacional. Si reconoces una lucha que prevalece en muchos miembros de la familia a lo largo de generaciones, lo más probable es que la raíz sea una maldición generacional.

La manera de liberarse de una maldición generacional es renunciar a ella, ubicarte donde fluye la verdadera unción y creer. Jesús destruirá esta maldición generacional para ti y tu familia. Tus hijos pueden ser liberados simplemente por buscar la libertad de esta maldición generacional. Con frecuencia, en mis servicios y eventos religiosos, he visto a un padre que empieza a renunciar y, en cuanto lo hace, ¡su hijo o varios hijos empiezan a manifestarse! Algunas veces, los demonios salen de los niños gritando. Otras veces, tosen (al ser liberados), y en otras ocasiones, los niños vuelven a caer bajo el poder de Dios.

Después que los padres terminan de renunciar, declaro que la maldición generacional se rompe y Jesús ¡siempre libera inmediatamente tanto a los hijos como a los padres! Muchas familias han testificado que, tras romperse la maldición, toda la familia experimentó libertad y dejó de sufrir la opresión de la maldición.

COSECHAR BENDICIONES VS. MALDICIONES PARA TU LINAJE

> Bienaventurado el hombre que teme a Jehová, y en sus mandamientos se deleita en gran manera.

> Su descendencia será poderosa en la tierra; la generación de los rectos será bendita.
>
> —Salmos 112:1-2 NTV

Esta escritura describe el principio de sembrar y cosechar. Al temer y servir a Dios, cosecharás bendiciones para tus hijos. Debido al libre albedrío, lo contrario también es cierto. Dios le ha dado a la humanidad libre albedrío para que cada persona decida si seguir al Señor o al diablo. Si los padres no temen ni sirven a Dios, no cosecharán bendiciones para sus hijos. Cuanto más sirven los padres al enemigo, más cosechan la parte del enemigo para sus hijos.

Si eres hijo o hija de alguien que sirvió al enemigo, no hay nada que temer ni desesperar. Cuando vienes a Jesús, él destruye las obras del diablo en tu vida y te libera de las maldiciones generacionales o de cualquier cosecha demoníaca que haya venido sobre tu vida debido a tus padres o pecados generacionales pasados. Lo que muchos creyentes pasan por alto es que debes seguir los caminos de Dios para recibir liberación total. En la mayoría de los casos, las maldiciones generacionales no se rompen automáticamente al confesar que Jesús es el Señor. Necesitas posicionarte donde la unción fluya para que esta destruya el yugo. Si conoces los detalles de las puertas abiertas de tus padres y generaciones pasadas, inclúyelas en tu lista de renuncias.

Renuncia a las maldiciones verbales

Una maldición verbal es una opresión que proviene de las palabras dichas por ti mismo o por otra persona.

> La lengua puede traer muerte o vida;
> los que hablan mucho cosecharán las consecuencias.
> —Proverbios 18:21 NTV

La segunda parte de este versículo significa que quienes hablan descuidadamente, expresando lo que sienten, sufrirán malas consecuencias. El diablo a veces trae pensamientos y emociones, y cuando expresas esos pensamientos y emociones negativos, puedes estar maldiciéndote a ti mismo. Cuanto más pronuncias una palabra negativa, más le das acceso al diablo para que traiga una maldición a través de ella. Tienes el poder de traer "muerte" a tu vida al pronunciar palabras negativas.

Si dices lo contrario de tu identidad en Cristo, los sentimientos erróneos y, en algunos casos, la atracción sexual, se intensificarán y pueden convertirse en opresión. Si afirmas que nunca conseguirás trabajo y que siempre serás pobre, estás abriendo la puerta a la opresión demoníaca, impidiéndote sobrenaturalmente conseguir trabajo y ganar dinero. Si declaras que contraerás la misma enfermedad que tus familiares, estás abriendo la puerta a que esa enfermedad llegue. Si dices que no tienes lo necesario para hacer lo que Dios te insta a hacer, podrías descubrir que hay una fuerza sobrenatural que siempre intenta apartarte de la voluntad de Dios.

Renuncia a cualquier palabra de muerte que recuerdes haber pronunciado en el pasado. Debes renunciar a cualquier palabra que recuerdes haber dicho que vaya en contra de la Palabra y la verdad de Dios para asegurarte de que cualquier maldición se rompa.

También es importante renunciar a las palabras negativas que te hayan dicho. Muchas personas tienen tantas palabras negativas en el ámbito espiritual porque nunca han rechazado las palabras de muerte que les dijeron. A veces, las armas que se forjan contra ti vienen en forma de palabras pronunciadas por otros. Necesitas actuar y rechazar esas palabras para que no prosperen.

Tómate un tiempo con el Espíritu Santo y haz una lista de todas las palabras negativas que recuerdes que te dijeron, sobre ti y sobre tu futuro. Te animo a que hagas una pausa y te tomes el tiempo para escribir esta lista. En el capítulo 10, declararé que todas estas palabras y maldiciones saldrán de tu vida en el nombre de Jesús. Tómate el tiempo que necesites para hacer esta lista antes de continuar leyendo.

¿Qué son los lazos del alma?

Otro tipo de opresión son los lazos demoníacos del alma. Los lazos del alma se forman en cualquier relación cercana. Una conexión espiritual literal ocurre entre dos personas cercanas. Hay lazos del alma buenos y piadosos, y los hay malos. Ejemplos de lazos del alma piadosos incluyen estos:

1. Entre esposo y esposa

> —Y agregó—: "Esto explica por qué el hombre deja a su padre y a su madre, y se une a su esposa, y los dos se convierten en uno solo. Como ya no son dos sino uno, que nadie separe lo que Dios ha unido".
>
> —Mateo 19:5-6 NTV

2. Entre un padre espiritual y un hijo o hija espiritual

> Por esto mismo os he enviado a Timoteo, que es mi hijo amado y fiel en el Señor, el cual os recordará mi proceder

> en Cristo, de la manera que enseño en todas partes y en todas las iglesias.
>
> —1 Corintios 4:17 RVR1960

En la manera en que Pablo escribió sobre Timoteo, se puede apreciar una cercanía espiritual para el propósito del reino. El amor que Pablo le mostró a Timoteo al derramarlo en él también era un amor por el pueblo de Dios, pues sabía que muchos más del pueblo de Dios serían edificados y ministrados al impartir la unción en Timoteo y capacitarlo para ser un instrumento poderoso de Dios.

3. En las amistades ordenadas por Dios

> Aconteció que cuando él hubo acabado de hablar con Saúl, el alma de Jonatán quedó ligada con la de David, y lo amó Jonatán como a sí mismo.
>
> —1 Samuel 18:1

El alma de Jonatán estaba unida a David. Y el amor de Jonatán por David era sobrenatural, sobre todo porque se trataba de una relación pura. Generalmente, solo oímos que una persona ama a otra como a sí misma cuando se trata de esposos. Pero esta relación era sobrenatural: el vínculo del alma era puro, piadoso, poderoso y para el propósito del reino de Dios.

Jonatán no amaba a David porque tuviera una gran personalidad y fuera agradable estar con él. Lo amaba porque Dios lo guio a hacerlo. Dios lo dirigió a reconocer la importante obra que realizaba a través de David y a verlo con sus ojos. Imagínate cómo ve Dios a sus siervos que, mediante la entrega y la obediencia, les permite hacer todo lo que él quiere a través de ellos, mostrando amor a su pueblo, liberándolo y sanándolo. Este es un amor especial y apasionado que Dios siente por sus siervos.

De modo que Jonatán veía a David con los ojos de Dios, y así fue como pudo amar a David de una manera tan sobrenatural. Dios sabía que David necesitaba un hombre piadoso que le sirviera y le ayudara a cumplir la misión que Dios le había encomendado. Por lo tanto, los unió para llevar a cabo sus planes. Este vínculo espiritual era tan fuerte que impidió que el diablo separara a David y Jonatán. Había una fuerza sobrenatural que los mantenía unidos para los propósitos de Dios.

RENUNCIA A LOS LAZOS DEMONÍACOS DEL ALMA

> No se dejen engañar: "Las malas compañías corrompen las buenas costumbres".
>
> —1 CORINTIOS 15:33

Si estableces una relación cercana con la persona equivocada, tu moral se corromperá. Quien cree tener fuerza de voluntad y se toma en serio sus buenas normas morales podría decir: "Puedo ser lo suficientemente fuerte como para no dejar que esa persona me corrompa". Pero este pasaje bíblico habla de un principio sobrenatural en el ámbito espiritual que se manifiesta cuando permites que la persona equivocada se acerque.

Se formará un vínculo demoníaco en el alma. Cuando eso sucede, estás literalmente conectado con esa persona, por lo que su corrupción será inevitable en tu vida.

> No formen alianza con los incrédulos. ¿Qué tienen en común la justicia y la maldad? ¿O qué comunión puede

> tener la luz con la oscuridad? ¿Qué armonía tiene Cristo con Belial? ¿Qué tiene en común un creyente con un incrédulo? ¿En qué concuerdan el templo de Dios y los ídolos? Porque nosotros somos templo del Dios viviente. Como él ha dicho:
>
> "Viviré con ellos y caminaré entre ellos. Yo seré su Dios y ellos serán mi pueblo". Por tanto, el Señor añade: "¡Salgan de en medio de ellos y apártense! No toquen nada impuro.
>
> —2 Corintios 6:14-17

Esta escritura habla de la gravedad de estar en yugo desigual en cualquier tipo de relación. Estar en yugo desigual es una puerta abierta al enemigo y puede llevar a la formación de un vínculo demoníaco en el alma.

La única relación en yugo desigual que Dios permite en circunstancias especiales es el matrimonio. Si uno se salva después del matrimonio y el esposo o la esposa no, o si ambos comienzan el matrimonio como cristianos tibios y solo uno se entrega, la gracia de Dios está disponible para esas relaciones. El cónyuge cristiano puede orar y creer por la salvación del otro.

Cada circunstancia es diferente y debe tratarse caso por caso, guiados por el Espíritu Santo. Por ejemplo, cuando un esposo o una esposa, por voluntad propia, sigue negando a Jesús durante un largo período, el cónyuge creyente necesita la sabiduría del Espíritu Santo para saber qué rumbo tomar con respecto al matrimonio. Si tienes un matrimonio en el que tu cónyuge no es salvo o es tibio, recuerda que la gracia de Dios te cubre; sin embargo, al mismo tiempo, mantén la vigilancia espiritual. Si no te tomas en serio la obediencia continua a Dios ni te mantienes firme en rechazar las mentiras del diablo, será fácil para el enemigo oprimirte por la influencia de tu cónyuge incrédulo. Debes tomarte en serio el hecho de rechazar constantemente las mentiras del diablo y mantenerte enfocado en Jesús, llenándote de su Palabra.

¿Hay en ti un lazo del alma demoníaco?

La principal señal de que tienes un lazo demoníaco en el alma con alguien es cuando percibes manipulación a través de esa persona. Ella podría querer controlarte, por lo que te manipula para que hagas lo que le plazca, amenazándote con abuso emocional o físico. Si sientes presión para complacer a cierta persona, pero no tienes ese deseo de complacer a los demás, es señal de que tienes un lazo demoníaco en el alma. Quizás te tomas en serio agradar a Dios en todas las circunstancias, excepto cuando se trata de situaciones con esa persona. Tal vez hayas cedido a la tentación o te imaginas haciéndolo para complacerla. Quizás sientas ansiedad al pensar que esa persona se decepcione contigo. En las relaciones románticas, a menudo los lazos demoníacos del alma son la razón por la que algunos regresan con novios o novias abusivos o con parejas que saben que no les convienen.

Los lazos demoníacos del alma pueden formarse en relaciones románticas, amistades y de mentorías. Una vez que reconozcas un lazo demoníaco del alma en ti, es muy importante que renuncies a él. Di en voz alta declaraciones como: "No quiero ser controlado por esta persona. No quiero que me importe lo que piense. No deseo tener más una relación con esta persona. Renuncio a este lazo del alma".

A veces, los objetos físicos pueden contener una fuerza demoníaca, lo que ayuda a mantener intacto un lazo demoníaco del alma. Las joyas que te regala la persona con la que estás conectado pueden contener ataduras demoníacas. A veces, cuando ministro, una persona renuncia a un lazo demoníaco del alma y luego se quita el anillo, e inmediatamente el poder de Dios la toca y la libera. Es importante que permitas que el Espíritu Santo te revele cualquier objeto que te haya dado una persona que pueda tener lazos demoníacos. Debes renunciar a ellos y desecharlos, mientras te colocas donde fluye la unción. La unción fluye de este libro. En el capítulo 10 oraré por ti, y Dios te liberará de los lazos demoníacos del alma, si esa es la libertad que necesitas.

Objetos físicos con adhesivos demoníacos

> Un buen número de los que practicaban la hechicería juntaron sus libros en un montón y los quemaron delante de todos. Cuando calcularon el precio de aquellos libros, resultó un total de cincuenta mil monedas de plata. Así la palabra del Señor crecía y se difundía con poder arrollador.
>
> —Hechos 19:19-20

Como se mencionó anteriormente, algunos objetos pueden tener adornos demoníacos. Todos los artículos de brujería, como las cartas del tarot, los tienen, al igual que los objetos utilizados en las prácticas de la Nueva Era. Algunas joyas con símbolos como el mal de ojo tienen raíces malignas que apuntan a otros dioses, y pueden tener adornos demoníacos. Los objetos de ídolos también son algunos ejemplos.

Insisto, los objetos regalados con la intención de manipular también pueden tener adherentes demoníacos. Puede haber ocasiones en las que una persona intente darte un regalo y sientas que algo no anda bien. Quizás la persona es insistente y trata de forzar una relación contigo. Tal vez has visto señales de alerta en la persona, como celos, y te parece extraño que te esté dando un regalo o algo de comer. En este tipo de situaciones, es mejor no comer ni aceptar el regalo. (En la mayoría de los casos, es correcto aceptar el regalo en presencia de quien lo regaló, pero poco después debes renunciar a él y tirarlo).

Los agregados demoníacos pueden aparecer en diversos objetos. Tómate un tiempo con el Espíritu Santo, permitiéndole que te muestre qué objetos debes desechar y la mejor manera de hacerlo, o incluso quemarlos. Puedes reunirlos y preparar una bolsa de basura para tirarlos, como oro por ti en el capítulo 10.

Renuncia a los pactos demoníacos

Los pactos son muy poderosos en el ámbito espiritual, ya sean piadosos o demoníacos. Ejemplos de pactos piadosos incluyen promesas o compromisos de servir a Dios toda la vida, de ser plantado donde Dios te ha llamado y de ser un hijo o hija espiritual de tu padre o madre espiritual (como Eliseo cuando hizo un pacto con Elías), así como pactos matrimoniales. Cuando se hace un pacto piadoso con palabras, una poderosa fuerza sobrenatural de Dios lo protege y lo concreta.

También existen pactos demoníacos. Practicar brujería es el acto de comprometerse a servir al diablo. En la brujería también existen pactos de mayor envergadura, dependiendo del nivel de servicio al diablo al que se comprometa la persona. Luego están los pactos de muerte que las personas hacen, muchas veces sin saberlo. Cuando una persona dice: "Quiero morir" o algo similar, en el ámbito espiritual, se trata de hacer un pacto con el diablo, dándole autoridad para enviar un demonio e influir en ella para que se suicide.

Si alguna vez has hecho un pacto demoníaco, es crucial que renuncies a él diciendo: "Renuncio a hacer el pacto de que ____________". Si alguna vez has dicho que querías morir o has intentado suicidarte, deberías decir algo como: "Renuncio a decir que quería morir. Renuncio a meditar en suicidarme. Renuncio a hacer planes e intentar suicidarme. Quiero vivir. Decido seguir a Jesús".

Como mencioné antes, cuando hay una verdadera unción, la mayoría de los demonios se van rápida y fácilmente. No es necesario que todos renuncien, porque la unción es tan poderosa que muchos demonios ni siquiera pueden luchar. Hay demonios de nivel inferior, demonios de nivel superior y de niveles intermedios. En algunos casos, una persona tiene varios demonios, mientras que en otros solo uno. A veces, existe una atadura compleja, como cuando una persona le ha dado mucha autoridad al diablo. La persona que ha servido al diablo practicando brujería suele tener una atadura más compleja que quien no lo ha hecho.

A veces, un demonio se va mientras predico. He escuchado a varias personas testificar que sintieron que los demonios los abandonaban durante el sermón mientras estaban sentados, ¡y que eran libres! Además, a menudo, en medio de mi sermón, un demonio comienza a hablar, gritar o manifestarse de alguna otra manera en una persona. Esto también sucedió mientras Jesús ministraba:

> Después Jesús fue a Capernaúm, una ciudad de Galilea, y enseñaba en la sinagoga cada día de descanso. Allí también la gente quedó asombrada de su enseñanza, porque hablaba con autoridad. Cierta vez que Jesús estaba en la sinagoga, un hombre poseído por un demonio —un espíritu maligno— clamó, gritando: "¡Vete! ¿Por qué te

> entrometes con nosotros, Jesús de Nazaret? ¿Has venido a destruirnos? ¡Yo sé quién eres: el Santo de Dios!".
>
> Pero Jesús lo reprendió: "¡Cállate! —le ordenó—. ¡Sal de este hombre!". En ese mismo momento, el demonio arrojó al hombre al suelo mientras la multitud miraba; luego salió de él sin hacerle más daño.
>
> La gente, asombrada, exclamó: "¡Qué poder y autoridad tienen las palabras de este hombre! Hasta los espíritus malignos le obedecen y huyen a su orden".
>
> —Lucas 4:31-36 NTV

Cuando un demonio habla o grita desde una persona mientras predico, sigo el ejemplo de Jesús. Hago una pausa en el sermón por un momento y me enfrento al demonio, ordenándole que se vaya. Y ¡gloria a Dios, los demonios siempre se van! Luego continúo predicando. Este tipo de demonios que ni siquiera logran terminar el sermón, son de nivel inferior. No tienen un control tan fuerte como otros demonios. Es asombroso darse cuenta de que con solo asistir a un servicio religioso donde Dios se mueve con poder a través de un instrumento, puedes ser liberado antes de que alguien ore por ti. O puedes ver un servicio en línea y ser liberado en cuanto lo sintonizas, incluso sin que nadie ore por ti. Este es el increíble poder de Dios que está disponible ahora mismo para cualquiera que simplemente venga como un niño y lo reciba.

Cuando empiezo a declarar que los demonios deben irse, ya sea orando por las personas individualmente o en grupo, muchos se van de inmediato. Estos demonios logran terminar el sermón, pero una vez que la autoridad se ejecuta con palabras, pierden su control y son expulsados. Otros demonios parecen más tercos, respondiendo con un no cuando les ordeno que se vayan.

En algunos de esos casos, los demonios no son muy poderosos; solo intentan con todas sus fuerzas hacer un último intento antes de que se les acabe el tiempo. Es como cuando un niño se queja cuando sus padres le piden que haga una tarea. El lloriqueo no le permite evadir su tarea; solo prolonga el proceso un poco.

Sin embargo, otros demonios que se resisten son en realidad demonios de nivel superior, o la opresión es más compleja; por lo tanto, se necesitan más claves para desatar la liberación. Esto puede implicar renunciar a un pacto demoníaco. Cuando un demonio dice desde una persona: "Me pertenece", generalmente significa que la persona ha hecho un pacto demoníaco. Los demonios dicen esas palabras porque la persona les ha otorgado el derecho legal de matarla. En el pasado, la persona decidió otorgarle autoridad al demonio. La persona necesita renunciar a esa autoridad al renunciar, para que los demonios pierdan su derecho legal a quedarse.

Debo mencionar, sin embargo, que no debes confiar en los demonios para obtener perspectiva espiritual, porque pueden mentir. Jesús a veces les hacía preguntas y ellos respondían con la verdad, porque Jesús siempre fue guiado por el Espíritu Santo y vivía debidamente bajo su autoridad. Los demonios mienten cuando uno se desvía de su autoridad y comienza a prestarles demasiada atención. En situaciones en las que renunciar es clave para la liberación de una persona, es como si el dominio de los demonios se aflojara al renunciar. Y entonces, cuando el siervo ungido de Dios les ordena que se vayan, la unción es como una ráfaga de fuego que los expulsa. Renunciar es como soltar las cadenas que te rodean y luego la unción te libera de esas pesadas ataduras.

Con esta nueva perspectiva de la opresión que puedas sentir, ahora podrás renunciar detalladamente para liberarte. Dedica tiempo con el Espíritu Santo a desarrollar tu lista de renuncias. Mientras buscas tu liberación, recuerda que no siempre una sola liberación trae la libertad completa. Para algunos, el Espíritu Santo traerá liberación paso por paso, a medida que te revele más y más cosas a las que debes renunciar y te acerques a la entrega total (si aún no lo has logrado).

En el siguiente capítulo discutiremos en profundidad un tipo más importante de esclavitud, así como las puertas abiertas que conducen a ella.

Capítulo 8

LA REALIDAD DE LA BRUJERÍA

Existen dos tipos de espiritualidad: la vida espiritual dirigida por Dios y la vida espiritual guiada por el diablo. En lo sobrenatural, solo hay dos fuentes: el poder de Dios o el poder del diablo. No existe una vida espiritual neutra ni un poder sobrenatural neutro. Todo ser humano está hecho a imagen y semejanza de Dios. Por eso, los niños pequeños no desean automáticamente el mal. Todos los seres humanos tienen una tendencia natural hacia el bien. Es cuando el diablo empieza a persuadirlos a través de personas, medios de comunicación u otras influencias inapropiadas, que algunos desean cada vez menos el bien.

Por ejemplo, cuando ocurre una tragedia como un accidente aéreo o un tiroteo masivo, la mayoría de las personas en el mundo no se deleitan con ello, sino que se lamentan. Mostrar empatía genuina y desear el bien para todos son sus inclinaciones naturales. El diablo sabe que la mayoría de la gente no desea el mal, por lo que ha atraído sigilosamente a la gente a la oscuridad de las "prácticas espirituales" sin que se den cuenta de que están colaborando con la oscuridad.

> Y no es de extrañar, ya que Satanás mismo se disfraza de ángel de luz.
>
> —2 Corintios 11:14

Esta escritura significa que el diablo conduce a la gente al mal disfrazado de "moral". El diablo se disfraza de ángel de luz en muchas maneras. Una de las principales es a través de otras religiones y prácticas espirituales. El Padre, el Hijo (Jesús) y el Espíritu Santo —los tres en uno— son Dios; no hay otro Dios verdadero. El espíritu detrás del dios de Buda es un espíritu demoníaco, no un espíritu santo. Lo mismo ocurre con los dioses de todas las demás religiones. Cuando las personas adoran a un dios que no es Jesús, automáticamente le abren la puerta al diablo y le permiten ejercer autoridad sobre sus vidas e impartir opresión demoníaca.

Si alguna vez has adorado a otro dios, es vital que renuncies a hacerlo y a todos los rituales y prácticas en los que participaste con esa religión. Si tenías ídolos u objetos que representaban a esos dioses (como una estatua de Buda), renuncia a esos objetos y a todo lo que hayas hecho con ellos. Luego, deshazte de ellos, ya sea tirándolos o quemándolos.

Adorar a otros dioses es una puerta abierta a maldiciones generacionales. A veces, una clave importante para romper la maldición generacional en una familia es renunciar a la adoración de otros dioses en la línea familiar, renunciando en nombre de los miembros de tu familia de generaciones anteriores.

Prácticas de la Nueva Era

Todas las prácticas espirituales no cristianas que invocan poderes sobrenaturales son una puerta abierta al diablo. Cuando buscas a Dios, recibes su Espíritu Santo para ayudarte. Cuando una persona busca sanación, energía, visión para el futuro y una "conciencia superior", está recibiendo demonios que le otorgan estos poderes. Los poderes demoníacos son la falsificación de la unción por parte del diablo.

Psíquicos: falsificación de los profetas

El profeta obtiene visión del futuro gracias al poder de Dios (la unción que obra en su interior). El psíquico obtiene su conocimiento de los demonios.

Cuando eres un creyente rendido y que sigue los caminos de Dios, incluido estar plantado en una iglesia que brinda protección (unción que fluye del líder al resto de la iglesia), los demonios no pueden seguirte ni observarte. Sin embargo, si hablas en público donde hay demonios en otras personas, pueden oír lo que dices.

Si alguien no es un creyente consagrado, los demonios pueden estar oprimiendo a esa persona y, por lo tanto, pueden reportarse a otros demonios, ya que forman parte de un mismo reino. Así como los creyentes hablan entre sí y los ángeles operan en conjunto con Dios y no por iniciativa propia, los demonios trabajan juntos como parte de su reino demoníaco unido. Cuando una persona es oprimida, el demonio puede escuchar sus palabras. Además, si la persona no está oprimida por un demonio, pero pronuncia palabras de muerte (confesiones negativas), es como si estuviera hablando en la "radiofrecuencia" del diablo. Cuando una persona habla negativamente, a menudo el diablo puede oírla.

Los psíquicos usan su conocimiento de los demonios para predecir cosas que no podrían saber sin un poder sobrenatural. Para generar confianza, los psíquicos predicen el futuro de una persona a fin de incitarla a seguir acudiendo a ellos. Se asocian con el enemigo para declarar lo que este desea para el futuro de la persona. Si alguien no se arrepiente, renuncia y asume la autoridad sobre lo que el psíquico dijo, esa "predicción" puede hacerse realidad.

A veces, el psíquico habla cosas "buenas" sobre el futuro de una persona. Todo esto es una seducción del diablo, que se disfraza de ángel de luz para que el individuo siga escuchándolo y pagándole (lo cual es sembrar en el reino del diablo).

Las cartas del tarot también utilizan poderes demoníacos para obtener comprensión y dirección espiritual. Cuando una persona las usa, les abre la puerta a los demonios. Consultar los horóscopos para obtener comprensión espiritual también entra en esta categoría. Los diferentes horóscopos representan dioses y diosas presentes en las culturas hindú, egipcia y griega. La fuente detrás de cada dios falso (excepto el verdadero, Jesús) es un demonio. Si buscas orientación y comprensión en los horóscopos, en realidad, estás buscando demonios.

Cuando buscas intencionadamente horóscopos para que te den orientación y comprensión, le abres la puerta a un demonio. Si estás viendo un programa de noticias y alguien menciona cuál es su horóscopo del día, eso no le abre la puerta. Es la acción de buscar en tu horóscopo la comprensión y la dirección en tu vida lo que le permite el acceso al demonio. Si en el pasado leíste casualmente un horóscopo en una revista y no lo tomaste en serio, eso no le abre la puerta al demonio. Sin embargo, siempre es mejor ser precavido y renunciar si no estás seguro de haber abierto una puerta.

El reiki y los cristales: una falsificación de la imposición de manos y de la sanación por el poder de Dios

El reiki es una "técnica de sanación" japonesa que afirma manipular el flujo de energía del cuerpo y promover la relajación. El vocablo *reiki* se compone de las palabras japonesas *rei*, que significa "universal", y *ki*, que significa "energía vital".[1] Esta fuerza energética sobrenatural es un poder demoníaco. Si una persona realiza o recibe una sanación mediante reiki, ha invitado al poder demoníaco a traer "sanación".

Usar cristales con la creencia de que traerán sanación también es invitar a poderes demoníacos. Dios creó los cristales, pero no los hizo para que se usaran como un medio para sanar. Jesús es el único sanador. Solo debemos buscar el poder de Dios para sanar, no otro objeto ni fuerza. A veces, Dios puede guiar a un instrumento ungido a liberar la unción sobre algo como un pañuelo, como lo hizo Pablo (Hechos 19:11), pero es un vaso verdaderamente ungido quien lo hace. En una situación como esa, el instrumento ungido libera el poder de Dios sobre el objeto, de modo que no es el objeto en sí, sino el poder de Jesús, lo que la persona busca para sanar. Quienes usan cristales para sanar buscan los objetos, no a la persona de Jesús. Cuando se busca un poder sobrenatural que no es Jesús, automáticamente se abre una puerta a los demonios.

La meditación y la manifestación de la Nueva Era: falsificaciones de los principios bíblicos

> Estudia constantemente este libro de instrucción. Medita en él de día y de noche para asegurarte de obedecer todo lo que allí está escrito. Solamente entonces prosperarás y te irá bien en todo lo que hagas.
>
> —Josué 1:8 NTV

Meditar en la Palabra de Dios es una manera importante de mantenerse enfocado y espiritualmente fuerte. Reflexionar en la

Palabra de Dios y en todo lo bueno (Filipenses 4:8) te hace más espiritual, en el sentido de que te asemeja más a Jesús. Abre tus oídos y tus ojos para escuchar y ver a Dios con mayor claridad. Quienes meditan al estilo de la Nueva Era (sin creer en Jesús) lo hacen para volverse más "espirituales" y abrir su "entendimiento espiritual". Se abren e invitan a la "energía" a llenarse. Cuando las personas buscan una "energía" o una fuerza sobrenatural que no es Jesús, se exponen a fuerzas demoníacas.

La práctica de la Nueva Era llamada "manifestación" —la idea de usar pensamientos positivos como energía para atraer o crear experiencias positivas—[2] también es demoníaca. Manifestar es otro principio bíblico que el diablo ha tergiversado. Como conoce el poder de los principios de Dios, el diablo los tergiversa y los falsifica para que las personas sean engañadas por los "resultados". Cuando las personas usan principios bíblicos aparte de la fe en Jesús, descubren que estos "funcionan" porque son leyes espirituales, como decir que 1 + 2 = 3. Pero cuando lo hacen fuera de los caminos de Jesús, abren las puertas a los demonios, y las "bendiciones" que reciben vienen con tristeza. Las bendiciones no son garantizadas. Por lo tanto, todo lo que reciben de la manifestación de la Nueva Era proviene de una raíz demoníaca y podría verse frustrado en cualquier momento.

Los que deciden seguir creyendo en sus sueños, hablando positivamente y trabajando por sus metas tal vez verán resultados positivos. Lo más probable es que alcancen sus sueños porque están aplicando principios bíblicos. Sin embargo, si la bendición de recibir el sueño no viene con la ayuda de Dios, no cuenta con su garantía. El sueño logrado mediante la manifestación podría desmoronarse o permanecer intacto, pero la persona ni siquiera puede disfrutar de su cumplimiento porque es atormentada por demonios. En contraste, las bendiciones de Dios no añaden ninguna tristeza (Proverbios 10:22).

El yoga: una falsificación de la unión con Cristo

El yoga es otra práctica de la Nueva Era que puede abrir puertas a los demonios. El término *yoga* proviene de una palabra sánscrita que significa "yugo" o "unión" y describe "un grupo de prácticas o disciplinas físicas, mentales y espirituales que se originaron en la antigua India" y que intentan controlar (mediante el yugo) y aquietar la mente.[3]

El yoga se originó en el hinduismo. Su origen no es meramente cultural, sino religioso: la adoración a un dios falso (demonio). Dado que *yoga* significa "yugo", debemos preguntarnos: "¿Yugo de qué?". Es un yugo o "unir la mente y el cuerpo con energía universal".[4] Recuerda que cualquier "energía" o fuerza sobrenatural que no sea el poder de Dios (Jesús) es demoníaca. Por lo tanto, *yoga* significa literalmente unirse a fuerzas demoníacas. Las posturas, que llevan el nombre de dioses hindúes, se crearon originalmente para adorar a esas deidades e invitar su "energía" al cuerpo para brindar paz, energía y visión espiritual. El Kundalini yoga invoca específicamente el espíritu kundalini; quienes participan en esta actividad invitan y desean que ese espíritu entre en sus cuerpos y realice movimientos.[5]

Si asistes a una clase de yoga —como cristiano— sin la intención de adorar a otros dioses ni de invitar a fuerzas demoníacas, ¿está bien? Muchos piensan que sí pero, sinceramente, es peligroso en lo espiritual, es como jugar con fuego. Es como dejar la puerta sin llave. No hay garantía de que no entre un ladrón, pero ¿para qué arriesgarse? El origen y la fuente de esta práctica son demoníacos. Por lo tanto, es mejor no practicar yoga en absoluto ni hacer posturas de yoga. Hay otras formas de estirarse y muchas otras posiciones en las que puedes mover el cuerpo para ejercitarte y mejorar tu bienestar.

Buscar protección aparte de la que te brinda Jesús invita a los demonios

Todas las prácticas mencionadas hasta ahora son una puerta de acceso a los demonios. Acercarse al altar de la iglesia y buscar a Jesús en cualquier momento de tu vida es una puerta de acceso al reino de Dios, por la que accedes al Espíritu Santo y a los milagros de Cristo. Al participar en altares falsos, se accede al mundo espiritual demoníaco, y es ahí donde los demonios pueden entrar en la vida de una persona.

Otro portal que abre la puerta a los demonios es quemar salvia para "protegerse". Cuando se quema salvia, se hace para "alejar la energía maligna". Sin embargo, en realidad, se hace lo contrario: invitar a los demonios. Hay otras prácticas que se cree que brindan protección cuando, en realidad, se invoca a los demonios, como usar joyas para el mal de ojo. Otra práctica es colgar atrapasueños con la creencia de que detendrán las pesadillas y guardarán a la persona del mal.

Si alguna vez has realizado alguna de estas prácticas de la Nueva Era, ¡renuncia a ellas y Jesús te liberará!

La práctica de brujería

El diablo invita y persuade a la gente a servirle, por eso las brujas y los brujos practicantes son una realidad. Él los seduce con éxito, fama, dinero y, a veces, "amor" (algo que jamás podrá dar). Algunas personas se entregan al diablo a cambio de que sus deseos se cumplan. El maligno tiene poderes sobrenaturales para darles éxito, fama y dinero, pero sus "bendiciones" siempre vendrán acompañadas de dolor. Estos supuestos dones vienen con el precio del tormento de los demonios y la eternidad en el infierno, es decir, si la persona no se arrepiente y entrega su vida a Jesús.

Quizás notes que algunas personas son miserables a pesar de que tienen éxito y dinero. La razón por la que tantas celebridades y otros personajes adinerados se suicidan es que sus "bendiciones" vinieron con el dolor de atormentar a los demonios de la depresión y la muerte.

Cuando las personas sirven al diablo, generan muerte y destrucción. Algunos hacen sacrificios humanos. Las brujas y los brujos envían demonios y maldiciones a los individuos. Nadie "atrapa" un demonio por estar en un lugar donde se expulsen espíritus malignos. Eso es una mentira del diablo para intentar evitar que la gente acuda al lugar donde fluye el poder de Dios y busque liberación, por miedo a "atrapar" otros demonios. En realidad, los demonios surgen cuando las brujas y los brujos los envían donde hay una autoridad legal (como las puertas abiertas); ese es el sistema del diablo.

Las brujas y los brujos tienen autoridad para enviar demonios y maldiciones solo cuando alguien abre una puerta en el reino espiritual. Una vez que la persona decide cederle el paso al diablo y, por lo tanto, le concede permiso, la bruja o el brujo envía un demonio. Una puerta abierta también puede ocurrir cuando una persona visita a cualquier practicante de hechicería y le paga para que maldiga a alguien o le haga un "hechizo de amor". Si el destinatario no es creyente o es un cristiano con puertas abiertas, la bruja o el brujo tiene la autoridad para enviar esos hechizos y maldiciones sobre la persona.

También hay brujos, llamados "sanadores", que usan magia. Esta magia es, en realidad, poder demoníaco. Por lo general, después de que una persona acude a un brujo, su problema desaparece, pero luego surge otro mucho más grave. En otras ocasiones, el problema se esfuma por un tiempo, pero luego regresa con conflictos más serios. En estos casos, los demonios han venido a oprimir a la persona, y por eso su problema es peor que antes de acudir al brujo o "sanador".

Si alguna vez has acudido a una bruja, brujo, sanador o curandero, es muy importante que renuncies a ese encuentro y a las acciones específicas que realizaste según lo aconsejado por el practicante. He visto a muchas personas liberarse al renunciar a las visitas a "curanderos" demoníacos, así como a niños que se liberan inmediatamente después de que sus padres renuncian a llevarlos a dichos practicantes.

Si alguna vez has practicado la brujería, es crucial que renuncies a eso profundamente. Renuncia a todas las maldiciones, hechizos y actos demoníacos que hayas cometido contra otros. Renuncia al pacto infernal que hiciste con el diablo. Deshazte de todos los objetos y materiales de brujería que tengas. Si has practicado la brujería, es fundamental que tomes en serio tu entrega a Jesús. Y debes ser paciente en tu trayecto hacia la liberación. Cuando una persona ha practicado la brujería, suele haber más de una capa de opresión demoníaca, y muchas veces Dios libera capa por capa. El enemigo no se alegra cuando alguien que estaba de su lado se vuelve a Jesús. Ten esto en cuenta para que nunca bajes la guardia ni le des al diablo ni un ápice. Considera con mucha seriedad las acciones que hagan mantener tu liberación. Hablaré sobre cómo hacer eso en los próximos capítulos.

Capítulo 9

QUÉ HACE QUE LOS DEMONIOS HUYAN EN ESTAMPIDA

Cuarta clave: La siembra

Sembrar en el reino de Dios es un mandato divino y un principio que genera diversas bendiciones y recursos celestiales. Es algo extremadamente poderoso. El diablo ciega a muchos creyentes, impidiéndoles ver el verdadero poder de una semilla que se siembra en el reino de Dios. A veces, sembrar puede incluso relacionarse con la liberación. En este capítulo, expondré una revelación del Espíritu Santo que te abrirá los ojos para que veas el poder que reside en tu semilla y lo que libera la siembra.

El principio de la siembra

Dar a una iglesia, sobre todo a la verdadera iglesia de Dios, donde él ha ungido y comisionado a un siervo suyo para establecer y dirigir la congregación, tiene un gran significado espiritual. Mucha gente piensa que dar a una iglesia es simplemente donar para ayudar con sus gastos, en particular porque las iglesias son organizaciones sin fines de lucro y las donaciones son la única forma de cubrir sus gastos. Sin embargo, dar logra mucho más que simplemente donar. Muchos desconocen el profundo poder que se deriva de dar.

Dar es algo, en especial, poderoso cuando siembras en una iglesia verdaderamente ungida por Dios, y esta debería ser una razón importante para dar con generosidad. Es tu responsabilidad como creyente contribuir a la obra de Dios. Tu ofrenda también actúa como agradecimiento al ministerio del que has recibido gratuitamente.

Las mujeres y otros discípulos contribuyeron económicamente con sus propios recursos al ministerio de Jesús (Lucas 8:1-3). Gracias a sus dádivas, la obra de Dios pudo avanzar y se pudo alcanzar a más personas. Hoy en día, sucede lo mismo. Tu semilla hace que la obra de Dios se extienda más. Tu semilla se traduce en que muchas más almas sean salvadas, sanadas, liberadas y tocadas por Dios a través del ministerio. ¡Capta la revelación del acto poderoso que estás realizando por el reino de Dios cada vez que siembras! Tu ofrenda también enorgullece a Dios.

Al mismo tiempo, el poder de tu semilla tiene aún más dimensiones que es crucial que comprendas. Cuanto más reveles el poder de tu semilla, más dispuesto estarás a dar la cantidad que Dios desea que des. Como lo indica este capítulo, la mejor manera de pensar en dar es como *sembrar*.

> No se engañen: de Dios nadie se burla. Cada uno cosecha lo que siembra.
>
> —Gálatas 6:7

Sembrar puede adoptar muchas formas. Por ejemplo, puedes sembrar bondad o crueldad con tus acciones o tus palabras. Si siembras bondad, cosecharás la bondad de otras personas; ellas serán bondadosas contigo porque tú eres bondadoso primero y sus corazones se sienten movidos a corresponder. Igual ocurre con sembrar crueldad: si siembras crueldad, cosecharás lo mismo: crueldad. Pero también, en el ámbito espiritual, cuando siembras bondad, generalmente cosecharás el favor de Dios. Incluso puedes experimentar el favor sobrenatural de las personas antes que tengas la oportunidad de ser bondadoso con ellas. También puedes sembrar tu tiempo y tus dones al servir a Dios, y cosecharás bendiciones espirituales gracias a esas semillas.

Una forma importante de sembrar que Dios nos ordena para que podamos cosechar es dar económicamente al reino de Dios a través de su iglesia. Esta no es la única manera de sembrar, pero no debe descuidarse ni sustituirse. De lo contrario, te perderás la cosecha que Dios quiso liberar para ti a través de tu siembra.

> "Traigan íntegro el diezmo [la décima parte] a la tesorería del Templo; así habrá alimento en mi casa. Pruébenme en esto —dice el Señor de los Ejércitos—, y vean si no abro las compuertas del cielo y derramo sobre ustedes bendición hasta que sobreabunde".
>
> —Malaquías 3:10

Esta escritura detalla el principio de sembrar y cosechar. Dios dice en este versículo que tiene tantas bendiciones que no habrá espacio para todas. También revela cómo se manifiestan esas bendiciones. No se reciben por orar, ayunar ni hacer buenas obras. Estas bendiciones específicas se reciben al traer tu ofrenda a la iglesia, lo que también llamamos siembra. Dios desea darte muchas bendiciones, milagros y recursos sobrenaturales, los que derramará sobre ti si le obedeces.

Algunos milagros llegan al obedecerle, sacrificando tiempo, elevando tu fe y asistiendo a la iglesia (o en línea). Tus acciones sacrificiales y tu fe te conceden milagros. Otras bendiciones y prodigios llegan al obedecer a Dios en tu vida diaria. Él te recompensa por obedecerlo, buscarlo y vivir por su Espíritu. Aun otras bendiciones vienen al servirle en su obra.

Muchos han testificado que, al servir a Dios en la congregación 5F Church, notaron que la opresión se desvanecía en sus vidas, experimentaron avances repentinos y pudieron hacer cosas que nunca antes habían hecho. Otros testifican que, al servir a Dios, los deseos del mundo desaparecieron y se transformaron más a la imagen de Cristo. Aun otros refrendaron que Dios derramó bendiciones y milagros a través de su siembra financiera. En cada caso, Dios derramó bendiciones en respuesta a la obediencia, la entrega y el sacrificio de la persona.

Cuando lo busques, lo encontrarás. Al buscarlo y seguir sus caminos, descubrirás las abundantes recompensas de ser hijo de Dios y la herencia que te corresponde.

La salvación es gratuita, pero la vida de milagros, bendiciones y abundancia no le llega al creyente tibio (es decir, ni caliente ni frío en su fe; ver Apocalipsis 3:15-16). Puede que reciban algunas bendiciones y milagros, pero no una vida diaria de abundancia y milagros. Accedes a la recompensa de ser hijo de Dios a través de la obediencia. Los milagros de Dios tienen valor. No son baratos.

> Él recompensa a los que lo buscan con sinceridad.
>
> —Hebreos 11:6 NTV

Detente y lee ese versículo de nuevo. Él recompensa *a los que lo buscan con sinceridad.* Por lo tanto, sus recompensas no son gratuitas. El costo es la obediencia a su Palabra, lo cual incluye dar económicamente a su iglesia.

> ¿No saben que los que sirven en el Templo reciben su alimento del Templo [ofrendas de carne y pan] y que los que atienden el altar participan de lo que se ofrece [las ofrendas que se dan] en el altar? Así también [con el mismo principio] el Señor ha ordenado que quienes predican el evangelio vivan de este ministerio.
>
> —1 Corintios 9:13-14

> Poco después, Jesús comenzó un recorrido por las ciudades y aldeas cercanas, predicando y anunciando la Buena Noticia acerca del reino de Dios. Llevó consigo a sus doce discípulos, junto con algunas mujeres que habían sido sanadas de espíritus malignos y enfermedades. Entre ellas estaban María Magdalena, de quien él había expulsado siete demonios; Juana, la esposa de Chuza, administrador de Herodes; Susana; y muchas otras que contribuían con sus propios recursos al sostén de Jesús y sus discípulos.
>
> —Lucas 8:1-3 NTV

En las escrituras anteriores, Dios guio a esas personas a contribuir económicamente al ministerio de Jesús, el cual pudo avanzar gracias a las ofrendas. Dios nos ordena dar a la iglesia para que el ministerio pueda prosperar con excelencia. Si desobedeces en esto, desobedeces a Dios. Te estás perdiendo la cosecha que se obtiene al sembrar en el reino de Dios. Si no puedes ganar dinero por tu juventud, una discapacidad u otra razón, hay excepciones que son válidas para ti. Sin embargo, si eliges no trabajar por pereza, esa gracia no te alcanza.

> Pónganse como objetivo vivir una vida tranquila, ocúpense de sus propios asuntos y trabajen con sus manos, tal como los instruimos anteriormente.
>
> Entonces aquellos que no son creyentes respetarán la manera en que ustedes viven, y ustedes no tendrán que depender de otros.
>
> —1 Tesalonicenses 4:11-12 NTV

> Aquellos que se niegan a cuidar de sus familiares, especialmente los de su propia casa, han negado la fe verdadera y son peores que los incrédulos.
>
> —1 Timoteo 5:8 NTV

> Porque, incluso cuando estábamos con ustedes, les ordenamos: "El que no quiera trabajar, que tampoco coma".
>
> —2 Tesalonicenses 3:10

Dios nos instruye a dar para la obra de su reino por, al menos, dos razones. Primero, las finanzas que damos permiten que la obra de Dios avance con excelencia. No contribuir generosamente al reino de Dios (cuando se tiene la capacidad) equivale a desinteresarse de la obra de él. Equivale a desinteresarse en cuanto a que las almas se salven; a que escuchen el evangelio; a que sean sanadas, liberadas y equipadas para obtener la victoria sobre el diablo. La iglesia es donde se lleva a cabo la mayor parte de esta obra. Quienes son enviados al mundo para ser luz para los perdidos son discipulados en la iglesia y reciben allí la impartición. La iglesia es el fundamento y la fuente de la obra necesaria de Dios para todo el cuerpo de Cristo.

Segundo, dar nuestro dinero a Dios es parte de entregar toda nuestra vida. Dios quiere que te deshagas del egoísmo y de todos los ídolos. Si te resulta difícil dar dinero para la obra de Dios porque prefieres gastarlo en ti mismo, es porque se ha convertido en un ídolo para ti.

En Mateo 19:21, Jesús le dice al hombre rico, cuyo ídolo era el dinero, que debe entregar todas sus riquezas para obtener la salvación. Esta no es una instrucción para cualquier persona adinerada. Fue la instrucción de Jesús para ese hombre en particular porque el dinero ejercía una influencia idólatra sobre él. Si no eres generoso al dar a la obra de Dios, el dinero te domina. Dios quiere que llegues al punto en que, si tuvieras cientos de miles de dólares y él te pidiera que los entregaras todos, lo hagas. Esto revelaría que el dinero no te domina.

La verdad es que todo tu dinero debe pertenecer a Dios, no solo el diez por ciento (el diezmo). Tienes un trabajo gracias a Dios solamente. Cualquier forma en que hayas adquirido dinero ha sido posible solo gracias a Dios. Sí, tuviste un rol al trabajar duro, pero tu esfuerzo es muy pequeño en comparación con el de Dios. Él creó todo el universo, incluyendo la existencia de empleos productivos. Él te creó y te dio la capacidad de presentarte y hacer el trabajo. Luego te abrió puertas y te dio el favor para conseguir el trabajo.

Al reflexionar sobre estas verdades, te darás cuenta de lo absurdo que es pensar que mereces todo tu dinero (excepto el diez por ciento que das a la iglesia). Dios quiere que empieces a comprender que todo tu dinero le pertenece, que solo eres un administrador de lo que te ha confiado para los propósitos de su reino. La única manera en que tu corazón puede transformarse a este nivel de altruismo es que des con sacrificio y generosidad.

> Porque donde esté tu tesoro, allí estará también tu corazón.
>
> —Mateo 6:21

Este versículo muestra que si decides poner tu tesoro en el reino de Dios, tu corazón lo seguirá. Si consideras las posesiones materiales, en lugar del reino de Dios, como tu tesoro, tu corazón también seguirá eso. Debes demostrar que valoras la obra de Dios contribuyendo económicamente a ella. Cuando das con generosidad a la obra de Dios, tanto tu corazón como tu tesoro se alinearán con Dios y su reino.

Mucha gente se queja cuando los ministros hablan de dar. Sin embargo, los líderes de la iglesia tienen la responsabilidad de instruirte para que hagas lo que dice la Palabra. A Dios no le preocupa que la iglesia reciba suficientes recursos económicos, aunque eso es importante. Le interesa más tu corazón. Le preocupa más que sacrifiques y entregues todo, incluso tus finanzas, para que tu corazón pueda ser transformado y le pertenezca completamente.

La conexión entre la siembra y la liberación

Dar a la obra de Dios también es importante porque, a veces, hay una conexión entre la siembra y la liberación. Como mencionamos antes, sembrar en el reino de Dios trae una cosecha. Algunas veces es apropiado dar a Dios solo por agradecimiento. Otras veces te sentirás impulsado a dar solo por obediencia. Pero al mismo tiempo, es importante recordar el principio de sembrar y cosechar. Siempre que sembramos en el reino de Dios, *cosechamos*.

La cosecha viene en forma de bendiciones espirituales y físicas, como la provisión. En Malaquías 3:10, cuando Dios habla de la bendición que derramará sobre tu acto de sembrar, no la limita a la provisión financiera. Simplemente dice "bendición". Y sus bendiciones pueden incluir milagros como sanidad y liberación. Lo que siembres, cosecharás (Gálatas 6:7).

Sin embargo, nunca le des a Dios como si fuera un cajero automático ni consideres recibir milagros como una transacción. También es importante saber que sembrar es simplemente una de las formas en que Dios libera los milagros. El principio espiritual de sembrar para recibir milagros proporciona otro vehículo mediante el cual Dios elige liberar sus bendiciones.

Cuando siembras en tierra ungida, en un ministerio verdadero y ungido, recogerás frutos de esa misma tierra. Cosecharás más unción para lo que necesites en tu vida, tanto espiritual como físicamente. Insisto, esta es una de las maneras en que Dios concede los milagros. No te confundas: ¡los milagros no se pueden comprar! Estamos hablando de un principio espiritual, no físico. Tu acto de sembrar en tierra ungida es un principio espiritual de entrega, sacrificio, búsqueda de Dios, obediencia a Dios y fe.

Cuando des a la iglesia, asegúrate de hacerlo espiritualmente y no por tradición religiosa o simplemente por rutina. Busca la instrucción del Espíritu Santo y pregúntale qué quiere que des en cada ocasión, en lugar de limitarte a dar una cantidad fija sin pensar. Y da con propósito. Sé intencional en lo referente a sacrificar y dar generosamente. A veces, procura dar solo por agradecimiento a Dios. Siembra donde necesites cosechar. Por ejemplo, si necesitas algo como provisión financiera o liberación, siembra una semilla para esa necesidad. Sembrar así es como plantar una semilla de tomate con la esperanza de que brote y dé fruto.

Al sembrar, la semilla no se desperdicia. Producirá una cosecha. Al sembrar semillas de este tipo, declara en voz alta la necesidad específica por la que estás sembrando, creyendo en Dios por la cosecha y agradeciéndole por satisfacerla. Sembrar también es una forma de decir: "Gracias, Dios, de antemano", como un acto de fe que demuestra que crees que Dios está liberando lo que necesitas y que estás agradecido por el milagro que está en camino. No se requiere sembrar para recibir liberación. Sin embargo, es sabio sembrar con la intención de agradecer a Dios anticipadamente, así como sembrar en tiempos de necesidad, creyendo que llegará el momento de la cosecha.

Las llaves del reino

La mayoría de los que han ministrado liberación durante mucho tiempo probablemente admitirán que ha habido algunos (o incluso muchos) casos en los que no han podido expulsar demonios de una persona. Aunque lo intentaron por muchas horas o sesiones y con muchas "técnicas", la persona permaneció atada. La razón es que (1) el ministro no tenía un nivel de unción lo suficientemente alto como para expulsar al demonio de alto nivel (como un principado demoníaco), o (2) la opresión demoníaca era compleja y requería una llave específica para liberarla.

Recuerda que a Pedro le dieron las llaves del reino.

> Te daré las llaves del reino de los cielos; todo lo que ates en la tierra quedará atado en el cielo y todo lo que desates en la tierra quedará desatado en el cielo.
>
> —Mateo 16:19

Jesús no les dio llaves a todos los discípulos. Le confió a Pedro la tarea de revelar las llaves a los demás y cómo usarlas. Solo los que son humildes pueden comprender las revelaciones más profundas asociadas con estas llaves.

> En esa ocasión, Jesús hizo la siguiente oración: "Oh Padre, Señor del cielo y de la tierra, gracias por esconder estas cosas de los que se creen sabios e inteligentes, y por revelárselas a los que son como niños".
>
> —Mateo 11:25 NTV

Jesús dijo eso justo después de que los discípulos regresaran de expulsar demonios por primera vez. Cuando Jesús dice "estas cosas", se refiere a las llaves (revelaciones) en el ámbito espiritual para liberar a las personas de su atadura demoníaca. Así que ten cuidado: si no te humillas, no podrás comprender estas llaves de las que te hablo.

Parte de recibir esta revelación de las cosas más profundas del ámbito espiritual es comprender el uso correcto de ciertas llaves. En algunas situaciones, las llaves básicas de tener fe, posicionarse donde fluye la unción y renunciar a los pecados simplemente no son suficientes para hacer que el demonio huya. A veces se necesita otra llave.

Jesús no ministró de la misma manera cada vez. Lo hacía según lo que veía proféticamente. Determinó qué llaves se necesitaban para liberar a una persona y luego la dirigió por un camino específico. Por ejemplo, Jesús vio que la fe era la clave para la sanación de la hija de Jairo, así que le dio la instrucción profética: "No temas; solo cree" (Lucas 8:50). Cuando Jesús vio que la sanación de los diez leprosos ocurriría con el tiempo, a medida que vivían su fe y obedecían su palabra, les dijo: "Vayan, preséntense a los sacerdotes", y en el camino fueron sanados (17:14). Jesús vio que otro leproso debía sembrar una semilla financiera en la casa de Dios para recibir y mantener su milagro de sanación. Así que le ordenó que hiciera precisamente eso:

> Entonces extendió la mano y lo tocó, diciendo: "Quiero; queda limpio". Al instante, la lepra lo dejó. Y le mandó que no se lo dijera a nadie: "Ve, preséntate al sacerdote y presenta una ofrenda por tu purificación, para testimonio a ellos, tal como Moisés mandó".
>
> —Lucas 5:13-14

Dios impulsa el sacrificio

Otro principio en el ámbito espiritual es que Dios impulsa el sacrificio. Los sacrificios conmueven el corazón de Dios. A veces, un sacrificio es la clave que desbloquea el milagro.

Este principio se encuentra numerosas veces en las Escrituras. Muchos conocen la historia de Salomón: Dios le preguntó qué deseaba y Salomón le pidió sabiduría. Pero lo que quizás no entiendan es por qué Dios se sintió tan impulsado a preguntarle a Salomón qué deseaba.

> Como en Gabaón estaba el santuario más importante, Salomón acostumbraba a ir al lugar para ofrecer sacrificios.
>
> Allí ofreció mil holocaustos; y en ese mismo sitio se apareció el Señor en un sueño y le dijo: "Pídeme lo que quieras".
>
> —1 Reyes 3:4-5

Salomón trajo un sacrificio, una ofrenda. Y después de hacerlo, el Señor sintió la necesidad de bendecir a Salomón y concederle lo que deseaba, por lo que le dijo:

> Voy a concederte lo que has pedido. Te daré un corazón sabio y prudente, como nadie antes de ti lo ha tenido ni lo tendrá después. Además, aunque no me lo has pedido, te daré tantas riquezas y esplendor que en toda tu vida ningún rey podrá compararse contigo.
>
> —1 Reyes 3:12-13

Le dio a Salomón la bendición no solo de la sabiduría, sino también las de la riqueza y la honra, "una bendición tan grande que no tendrán suficiente espacio para guardarla" (Malaquías 3:10 NTV).

La mano de Dios también se movió sobre el sacrificio de David.

> Ese mismo día, Gad volvió adonde estaba David y le dijo: "Sube y construye un altar para el Señor en el lugar donde Arauna el jebuseo limpia el trigo". David se puso en camino, tal como el Señor se lo había ordenado por medio de Gad. Arauna se asomó y al ver que el rey y sus oficiales se acercaban, salió a recibirlo y rostro en tierra se postró delante de él.
>
> —Mi señor y rey —dijo Arauna—, ¿a qué debo el honor de su visita?
>
> —Quiero comprarte el lugar donde limpias el trigo —respondió David— y construir un altar al Señor, a fin de que se detenga la plaga que está afligiendo al pueblo.

> —Tome mi señor el rey lo que mejor le parezca y preséntelo como ofrenda. Aquí hay bueyes para el holocausto; hay también trillos y yuntas que puede usar como leña. Todo esto se lo doy a usted. ¡Que el Señor su Dios vea a Su Majestad con agrado!
>
> Pero el rey respondió a Arauna:
>
> —Eso no puede ser. No voy a ofrecer al Señor mi Dios holocaustos que nada me cuesten. Te lo compraré todo por su precio justo.
>
> Fue así como David compró el lugar donde se limpia el trigo y los bueyes por cincuenta siclos de plata. Allí construyó un altar al Señor y ofreció holocaustos y sacrificios de comunión. Entonces el Señor tuvo piedad del país y se detuvo la plaga que estaba afligiendo a Israel.
>
> —2 Samuel 24:18-25

David sembró con la intención de que la plaga se calmara. Entendía el principio de sembrar y cosechar. Comprendió que la mano de Dios se mueve mediante el sacrificio. Arauna intentó donar los bueyes para que David los usara como sacrificio. Pero David sabía que el sacrificio debía provenir de él personalmente para que fuera verdadero y aceptable a Dios. El Señor se conmovió con el sacrificio de David y frenó la plaga a Israel.

En tiempos de Noé, después de que cesó la lluvia y el arca atracó en tierra seca, Noé ofreció un sacrificio a Dios.

> Luego Noé construyó un altar al Señor, y sobre ese altar ofreció como holocausto animales y aves puros. Cuando el Señor percibió el grato aroma, se dijo a sí mismo: "Aunque la inclinación del corazón del ser humano es perversa desde su juventud, nunca más volveré a maldecir

> la tierra por culpa suya. Tampoco volveré a destruir a todos los seres vivientes, como acabo de hacerlo".
>
> —Génesis 8:20-21

El sacrificio de Noé fue de aroma grato al Señor, lo que significa que Dios se agradó de él. Esto lo motivó a declarar este poderoso pacto de que nunca más destruiría a todo ser viviente.

Cuanto más te entregues y obedezcas a Dios, más recompensas recibirás en tu vida. Cuando haces sacrificios a Dios, estos conmueven su corazón, y él se siente impulsado a recompensarte.

> Y ustedes mismos, filipenses, saben que en el principio de la obra del evangelio, cuando salí de Macedonia, ninguna iglesia participó conmigo en mis ingresos y gastos, excepto ustedes. Incluso a Tesalónica me enviaron ayuda una y otra vez para suplir mis necesidades. No digo esto porque esté tratando de conseguir más ofrendas, sino que trato de aumentar el crédito a su cuenta. Ya he recibido todo lo que necesito y aún más; tengo hasta de sobra ahora que he recibido de Epafrodito lo que me enviaron. *Es una ofrenda fragante, un sacrificio que Dios acepta con agrado.* Así que mi Dios les proveerá de todo lo que necesiten, conforme a las gloriosas riquezas que tiene en Cristo Jesús.
>
> —Filipenses 4:15-19, énfasis añadido

Así como los sacrificios ofrecidos en el Antiguo Pacto eran un "sacrificio de olor fragante" para el Señor, lo mismo ocurre en el Nuevo Pacto. Muchos principios del reino de Dios se encuentran tanto en el Antiguo como en el Nuevo Testamento. Por ejemplo, el principio de impartición se demuestra a través de Elías y

Eliseo, y también se ve a través de Jesús y los Doce, así como a través de Pablo y Timoteo. De igual manera, el principio de un sacrificio que mueve la mano de Dios se muestra en Salomón, David y los filipenses.

La siembra como llave que facilita la liberación

Cuando la opresión demoníaca de una persona es profunda y compleja, a menudo, ofrecer un sacrificio es una de las llaves que facilitan la liberación. Una razón importante para esto tiene que ver con el principio de sembrar y cosechar. Si una persona siembra mucho en el reino de las tinieblas, tendrá una gran cosecha. En la mayoría de los casos, esa cosecha no desaparece automáticamente una vez que la persona se arrepiente.

Por ejemplo, si administras mal tu dinero y estás muy endeudado, a causa de una adicción al juego o a las compras, una vez que recibes a Jesús como Señor, la deuda no desaparece automáticamente. Dios puede hacer milagros y borrar parte de ella de forma sobrenatural. Pero aún hay repercusiones que afrontar. Si fuiste cruel con tu familia en el pasado, ellos no olvidarán automáticamente esas situaciones una vez que vengas a Jesús. Cosechaste desconfianza y debes esforzarte por recuperarla. Si los líderes de la iglesia abusan de su poder, no tienen la oportunidad de seguir liderando una vez que se arrepienten. Hay repercusiones. Han cosechado desconfianza y deben esforzarse por demostrar que su arrepentimiento es genuino. También necesitan realizar el trabajo espiritual para transformarse más a la imagen de Dios y no repetir el comportamiento abusivo. Todos estos pueden parecer ejemplos físicos pero, en realidad, son espirituales. Todos están relacionados con la siembra y la cosecha espiritual.

Lo mismo ocurre cuando se siembra abundantemente en el reino del diablo. Si una bruja o un brujo ha servido al maligno por años, ha sembrado profundamente en el reino del diablo, y con ello viene una cosecha espiritual demoníaca. El exbrujo o la exbruja, o quizás alguien que solo quería que el diablo cumpliera sus deseos, hizo sacrificios al reino del enemigo. La opresión demoníaca es más compleja cuando la persona elige voluntariamente sembrar en el reino del diablo.

Incluso si has sembrado mucho en ese reino perverso, tu proceso de liberación no necesariamente tiene que tomar mucho tiempo. A veces Dios libera capa por capa con el tiempo, especialmente cuando la opresión es profunda. Pero no es como si tuvieras que esperar a que el tiempo te pase factura mientras la cosecha demoníaca se deshace. Hacer uno o más sacrificios al reino de Dios anula los sacrificios que hiciste al reino del diablo. Así es como funciona en el ámbito espiritual. Si una persona sufre opresión demoníaca debido a palabras negativas pronunciadas sobre su vida, decir palabras para romper esas maldiciones desata la liberación. Cuando se ha ofrecido sacrificio (espiritual y financiero) al diablo, el sacrificio al reino de Dios facilita la liberación.

> Recuerden esto: El que siembra escasamente, escasamente cosechará, y el que siembra en abundancia, en abundancia cosechará.
>
> —2 Corintios 9:6

Esta escritura aplica a ambos reinos. Si siembras generosamente en el reino del diablo, generosamente también cosecharás de él. Hacer sacrificios por el reino de las tinieblas equivale a comprometerse de manera voluntaria a sembrar en el reino del diablo o es lo mismo que servirlo. Para revertir esto en el ámbito espiritual, necesitas hacer un sacrificio al reino de Dios que consolide y demuestre con acciones la renuncia y el arrepentimiento que estás haciendo.

No se trata de "¿Acaso Dios no ve mi corazón, no reconoce que mi arrepentimiento es genuino y simplemente elimina la cosecha demoníaca?". Se trata de principios y leyes espirituales. Dios no va en contra de sus principios. La gente puede decir: "¿Por qué tengo que ir a la iglesia y colocarme donde fluye la unción? ¿Por qué no puedo orar directamente a Dios para que obre el milagro de inmediato?". Dios tiene sus caminos. Tiene sus leyes y principios en el ámbito espiritual. Cuando usas tu libre albedrío para elegir servir al diablo y sembrar en su reino, el principio a fin de deshacer la cosecha de esas acciones es sembrar en el reino de Dios y ofrecerle un sacrificio. Si has contribuido al reino del diablo, ¡cuánto más deberías desear contribuir al reino de Dios! No debería haber ningún cuestionamiento en cuanto a "¿Por qué tengo que hacer esto?"; más bien, con verdadero remordimiento, temor y amor a Dios, deberías desear sacrificarte grandemente por el reino de Dios.

Cuando acudes a Jesús con verdadero arrepentimiento, él elimina tu pasado, tus pecados, tu opresión y tu enfermedad. Pero eso ocurre cuando verdaderamente te acercas a Jesús, siguiéndolo y obedeciendo sus mandamientos. Todo lo que Jesús provee, incluida la liberación, es completamente gratis. No se puede comprar. Sin embargo, para recibir todo lo que Jesús provee, debes seguir tanto su Palabra como sus principios. En los casos descritos en esta sección, esto implica el acto de hacer un sacrificio al reino de Dios.

Los principales ejemplos de sembrar en el reino del diablo son practicar brujería y buscarla, incluyendo cosas como visitar a un psíquico y pagarle para que lea la fortuna. Muchas personas han testificado que, al sembrar en el reino de Dios a través de mi ministerio (5F Church), se produjo su liberación. Muchos ya habían experimentado liberación de varias cosas sin sembrar, pero descubrieron que persistía un área de opresión. Una vez que sembraron basados en esa necesidad, cosecharon la unción para destruir el yugo y fueron liberados. Sembrar fue la clave para la liberación de esa esclavitud específica.

Uno de los testimonios más memorables de liberación al sembrar provino de un evento donde ministraba. Mientras se llevaba a cabo una liberación masiva, vi a un niño con manifestación extraña en el suelo; su madre me dijo que lo había llevado ante muchos ministros de liberación, pero nadie pudo expulsar los demonios de él. En cada ocasión, el niño seguía con las manifestaciones sin ser liberado. Después de escuchar varios testimonios de liberación, decidió viajar con su hijo para asistir a este evento. Ella tenía fe en que esta vez Dios liberaría a su hijo.

Al comenzar a ministrar al niño, noté proféticamente que la opresión era compleja. Dios me reveló que la esclavitud tenía que ver con la siembra generacional en el reino del diablo. Le pregunté a la madre: "¿Alguna vez has sembrado en el reino del diablo, por ejemplo, dándole dinero a un vidente?".

Ella respondió: "Sí, cientos".

Entonces le di instrucción profética mientras Dios le revelaba la clave para la liberación de su hijo. Compartí con ella la clave de hacer un sacrificio en el reino de Dios. No le dije que sembrara en un lugar específico ni para mi ministerio, sino que le expliqué la importancia de sembrar en tierra ungida porque "lo que siembras es lo que cosecharás".

Después de explicarle eso, comencé a orar por muchos otros poseídos que se estaban manifestando. Unos veinte minutos después, mientras oraba por alguien, la madre se me acercó y me informó con entusiasmo que su hijo acababa de ser liberado. Dijo que después de la instrucción profética que le di, agarró su teléfono y contó su testimonio en línea con el ministerio. Inmediatamente después de sembrar, su hijo comenzó a toser. ¡Los demonios lo abandonaron! ¡Estaba de pie junto a ella, totalmente libre!

La madre estaba llena de gratitud, asombro y alegría por lo que Dios había hecho. Nunca olvidaré ese momento. Estaba muy agradecida con Dios por liberar las llaves del reino que le faltaban a ese precioso niño. Eso hizo que mi fe creciera tanto que creí que cualquier persona puede ser liberada y sanada de cualquier cosa, sin importar cuán severa y compleja sea la opresión demoníaca. Cuando la unción y las llaves del reino están presentes, cualquier milagro puede ocurrir, ¡y todo demonio debe irse!

Otro ejemplo es una historia de brujería generacional en cuanto a cómo puede ser tan profunda y compleja la opresión demoníaca. Si los padres u otros familiares de generaciones pasadas han practicado brujería, el diablo a menudo exige que se hagan sacrificios por las generaciones futuras, como enviar maldiciones sobre un futuro miembro de la familia. En esos casos, sembrar en el reino de Dios suele ser la clave que abre la liberación y anula la cosecha demoníaca de generaciones pasadas.

Cómo sembrar para recuperar la libertad

Si escuchas del Espíritu Santo que la clave para tu liberación es sembrar en el reino de Dios, es importante que lo hagas correctamente. Primero, asegúrate de sembrar en tierra ungida. Lo ideal es que plantes en una iglesia donde el líder esté ungido y tenga frutos en su ministerio: personas liberadas, sanadas y transformadas.

Si aún no has descubierto dónde te llama Dios a plantar, o si actualmente asistes a una iglesia que no tiene la unción para destruir yugos, pídele a Dios que te ayude a identificar dónde están los "Pedro" de hoy. Encuentra dónde está la verdadera unción y siembra allí para que puedas cosechar de esa tierra y los yugos puedan ser destruidos.

Si has sembrado mucho en el reino de las tinieblas, siembra bastante más en el reino de Dios. Quizás necesites sembrar durante un tiempo con semillas continuas, no solo una. Sigue la voz del Espíritu Santo y usa la sabiduría que te ha dado para discernir cuánto sembrar.

Si estás experimentando escasez financiera en esta época, contribuye de otras maneras y haz sacrificios al reino de Dios sirviendo y ayudando a que su obra avance. Si no estás seguro de cómo hacerlo, primero puedes servir a Dios difundiendo lo que él está haciendo en el ministerio donde estás plantado. Cultiva un corazón dispuesto a sembrar en el reino de Dios, y él te abrirá puertas para que recibas provisión y tengas semillas que sembrar.

Si nuestras iglesias no se parecen a la de Hechos y no vemos los frutos de la sanidad de todos como cuando Pedro y Pablo, es porque nos estamos perdiendo algo. En general, nos ha faltado unción, así como muchas de las llaves del reino. El cuerpo de Cristo ha carecido de la revelación para liberar a las personas de casos de profunda opresión demoníaca, por lo que los oprimidos han permanecido atados.

Es fundamental que te humilles y recibas estas preciosas llaves del reino que Dios está liberando ahora en este avivamiento en el que vivimos. ¡El pueblo de Dios debe ser libre! Que nunca más ignoremos a las personas con casos graves de opresión demoníaca, rechazándolas y olvidándolas. En vez de eso, debemos humillarnos para recibir la unción y las importantes llaves de liberación que han estado ausentes en el cuerpo de Cristo por demasiado tiempo. ¡Los oprimidos deben ser liberados!

Capítulo 10

¿ESTÁS LISTO PARA SER LIBRE?

CREO QUE ESTE capítulo será el más transformador que hayas leído, porque a través de él recibirás liberación, sanidad y milagros. Se han liberado las llaves para desatar tu liberación *ahora mismo*.

Dios se ha manifestado a través de muchos medios: sombras, delantales, pañuelos, palabras habladas a distancia, pero —en este avivamiento— lo he visto liberar a miles de personas a través de las pantallas.

Al ordenar a los espíritus demoníacos y enfermedades que se fueran, innumerables personas en todo el mundo han recibido liberación de inmediato. Cuando declaro, desde mi iglesia en Los Ángeles, que la opresión y la enfermedad deben desaparecer, personas en Australia, Asia, Europa y Sudamérica han recibido libertad y sanidad. En cada nación donde he ministrado, se han desatado milagros y liberación de la misma manera que lo hemos experimentado en nuestra iglesia.

Dios me ha revelado que, así como ha liberado personas a través de sus pantallas al ver mis redes sociales, ahora te liberará a ti mientras lees estas palabras. Te aconsejo que dediques tiempo y un espacio tranquilo —y privado— a esta cita divina con Dios que está a punto de ocurrir. Asegúrate de tener al menos unas horas para permitir que Dios obre en ti, para alabarlo y para pasar tiempo con él.

Si tienes gente a tu alrededor, hazles saber que estás a punto de recibir liberación y sanidad. Explícales que no necesitan preocuparse ni intentar expulsar demonios de ti si se te manifiestan. Cuando ocurre la liberación, puede que haya manifestaciones o no. La opresión profunda tiende a provocar más manifestaciones. Estas, a veces, pueden hacer que la persona tiemble, llore o tosa por los espíritus. Algunos espíritus pueden gritar al salir de la persona.

Es mejor estar bajo la sombra de la unción sin que otras personas declaren y oren por ti durante tu liberación. El orden apropiado de Dios es que haya un líder específico ministrando en su propio dominio espiritual, no muchas personas ejerciendo autoridad a la vez. Es como si estuvieras bajo la sombra del apóstol Pedro en este momento (la sombra de mi unción). Los espíritus demoníacos obedecerán y se irán con mayor eficacia cuando nadie más interfiera.

Entra en una habitación a solas o, si quieres estar con otras personas, asegúrate de explicarles la importancia de no tocarte ni intentar expulsar demonios. Es crucial dejar que la unción fluya a través de las declaraciones que se indican a continuación. Deja que estas palabras hagan todo el trabajo en tu liberación. Te recomiendo que te prepares para ver mi video de YouTube titulado "Oración de liberación: Desata tu liberación" (búscalo en mi página de YouTube: youtube.com/apostlekathrynkrick). Después de leer la oración de liberación en la siguiente sección, tal vez quieras seguir recibiendo oración mientras permites que la unción fluya hacia ti a través de este video.

Oración de liberación

Primero, si tienes algún objeto que pueda tener apegos demoníacos, tráelo a la habitación donde recibirás liberación. Además, coloca una bolsa de basura o un contenedor cerca. Después, saca tu lista de renuncias. Si aún no lo has hecho, tómate el tiempo que requieras con el Espíritu Santo para recordar y escribir todo lo que necesitas renunciar.

Permanece en quietud y tómate un tiempo para comunicarte con el Espíritu Santo. Renueva tu mente con la verdad de que Jesús es tu sanador y libertador. Él es muy poderoso, nada puede limitarlo. Renueva tu mente con la verdad de que Jesús quiere que seas sanado y liberado ahora mismo, porque Él ya pagó el precio por tu liberación. Recuerda que esta es tu cita divina con Dios para acceder y recibir la herencia que te corresponde como hijo suyo. Recuerda que, al alinearte con los caminos de Dios para liberar y sanar, ciertamente recibirás milagros ahora mismo. La unción que fluye a través de estas páginas es muy real y poderosa; es prácticamente el mismo Jesús. ¡Gracias a tu fe, debes ser sanado y liberado! Declara lo siguiente en voz alta:

> *Creo que por las llagas de Jesús soy sanado. Creo en el poder de su sangre. Creo que como hijo de Dios tengo una herencia que incluye sanidad y libertad. Creo que Jesús quiere sanarme y liberarme, ¡y que eso sucederá hoy! Creo en la unción de Dios. Creo que la unción que fluye a través de esta página me liberará y sanará en este momento.*

Ahora dedica unos instantes para entregarte a Jesús. Jesús es el que te libera y te sana, y no se fuerza.

> A los hambrientos los colmó de bienes.
>
> —Lucas 1:53

Jesús llena a los hambrientos, no a los saciados. Y se mueve por fe. Cuanto mayor sea la fe, más vendrá. Recuerda, la fe no tiene que ver con sentimientos. Tiene que ver con decidirse a creer. Al proclamar la Palabra de Dios, a pesar de cómo te sientas, muestras tu fe. Entrégate a Jesús, permítele que venga como él quiera para sanarte y liberarte. Quizás pensaste que necesitabas una oración individual para recibir liberación. Tal vez no esperabas que tu liberación llegara a través de este libro. Es importante que le digas a Dios algo como lo que sigue:

> *Señor, haz tu voluntad en mi vida. Sé que necesito liberación y la deseo. Anhelo tu voluntad: que sea libre y tenga una vida plena para brillar con todo mi ser de forma que seas glorificado y los perdidos sean encontrados. Me entrego a tus maneras de liberarme. Te doy permiso y deseo que vengas a través de esta página ahora mismo, en esta habitación, y me liberes. Recibo mi sanidad y mi liberación ahora mismo.*

¡Es hora de ser libre!

Si tienes objetos a los que debes renunciar y descartar, cuando estés listo, renuncia a ellos diciendo esto en voz alta:

> *Renuncia a* _____.

> ***Habla la apóstol Kathryn Krick:*** *Te separo de estos objetos y de cualquier apego demoníaco relacionado con ellos.*

Ahora, deshazte de esos objetos.

> ***Habla la apóstol Kathryn Krick:*** *Declaro que todo espíritu apegado a esos objetos debe abandonarte ahora mismo, en el nombre de Jesús. Declaro que todos los espíritus de brujería y manipulación deben irse. Declaro que toda maldición asociada con estos objetos debe ser rota ahora mismo, en el nombre de Jesús. Cualquier lazo que te ate a otra persona a través de uno de estos objetos debe ser roto ahora mismo, ¡en el nombre de Jesús!*

Ahora es el momento para liberarte de todo lo que has escrito en tu lista de renuncias y de cualquier otra opresión en tu vida.

Una vez que estés listo, comienza a renunciar diciendo en voz alta cada cosa de tu lista, como por ejemplo: "Renuncio a ________". Continúa y renuncia a todo lo que tienes en tu lista ahora mismo. También puedes renunciar en nombre de tu hijo, si este necesita liberación.

> ***Habla la apóstol Kathryn Krick:*** *¡Declaro que tu momento de libertad es ahora! Rompo toda maldición generacional de tu vida. Destruyo toda maldición verbal y toda maldición de brujería enviada sobre ti. Deshago todo lazo demoníaco del alma. Cancelo todo pacto demoníaco. Te separo de todo lo que has renunciado. ¡Declaro que todo espíritu apegado debe irse de ti ahora! Todo espíritu de brujería debe irse. Todo espíritu de muerte debe*

desaparecer. Los pensamientos suicidas deben esfumarse. El espíritu de ansiedad debe irse. La depresión debe irse. La adicción debe irse. Los espíritus sexuales demoníacos deben salir. Cualquier cónyuge espiritual debe irse. Todo espíritu que te atormente en la noche debe irse. Los espíritus que envían sueños demoníacos deben desaparecer. Todo espíritu de enfermedad mental debe irse. El autismo debe irse. Todo espíritu que habla en contra de tu identidad en Cristo debe irse. El espíritu de condenación debe salir. El espíritu de religión debe irse. Todo espíritu que entró a través del abuso debe irse. El espíritu de pobreza debe irse. El espíritu de estancamiento debe irse. El espíritu de rechazo debe irse. El espíritu de orfandad debe irse. Todo espíritu que envía pensamientos desencadenadores y todo espíritu que envía voces demoníacas debe esfumarse. Todo espíritu de dismorfia corporal debe irse. El TOC debe irse. Declaro que todos los espíritus de enfermedad deben irse. Toda enfermedad, dolencia y dolor debe irse. Todo problema que haya en tu cuerpo debe irse. ¡Todo lo muerto en tu cuerpo debe cobrar vida! Cualquier sentido que hayas perdido, debe ser restaurado ahora. Declaro ojos y oídos abiertos. Declaro milagros creativos dondequiera que algo falte en tu cuerpo, desde tu mente hasta todo tu organismo. ¡Declaro completa libertad y sanidad para ti ahora, en el nombre de Jesús!

¡Alabado sea Dios! ¡Sé que él acaba de liberarte!

Gracias, Jesús, por tu poder y tu amor que acaba de llegar a través de estas páginas y tocar a tu hijo. ¡Gracias,

> *Cristo, por destruir las obras del diablo! Gracias por traer libertad y sanidad a tu hijo.*

Dedica un momento para alabar a Dios, ahora mismo, con todo tu corazón, tu mente y tus fuerzas.

> Alaba, alma mía, al Señor; alabe todo mi ser su santo nombre.
>
> Alaba, alma mía, al Señor y no olvides ninguno de sus beneficios.
>
> Él perdona todos tus pecados y sana todas tus dolencias; él rescata tu vida del sepulcro y te corona de gran amor y misericordia; él te colma de bienes y tu juventud se renueva como el águila.
>
> —Salmos 103:1-5

La opresión demoníaca se ha ido, ahora hay un vacío que el Espíritu Santo quiere llenar. Dios quiere llenarte con su Espíritu. Si nunca has recibido el bautismo del Espíritu Santo, es hora de recibirlo, ahora. Si ya lo has recibido, es hora de recibir una nueva llenura del Espíritu Santo.

El bautismo del Espíritu Santo

> Yo los bautizo a ustedes con agua —respondió Juan a todos—. Pero está por llegar uno más poderoso que yo, a quien ni siquiera merezco desatarle la correa de sus sandalias. Él los bautizará con el Espíritu Santo y con fuego.
>
> —Lucas 3:16

El bautismo del Espíritu Santo es un bautismo de fuego. Es una medida poderosa del Espíritu Santo que llega a tu vida con el propósito de fortalecer tu espíritu y ayudarte a vivir por el Espíritu. Es una llenura del Espíritu Santo que es como fuego en el ámbito espiritual: te energiza espiritual y físicamente, a la vez que te llena de alegría. Cuanto más espiritual seas, más gozoso, lleno de fe y enamorado de Jesús estarás. El bautismo del Espíritu Santo es una fuerza que enciende tu espíritu para ayudarte a ser más espiritual.

Este bautismo suele ser un acontecimiento independiente y de mayor magnitud que la llenura del Espíritu Santo que se recibe al recibir la salvación. Una razón importante es que el bautismo del Espíritu Santo suele ocurrir cuando una persona está lista para entregarse por completo a Dios. Tras la salvación, muchas veces la persona no está del todo segura de entregarlo todo, sino que simplemente cree que Jesús es el Señor y desea comenzar a seguirlo. Por lo tanto, el bautismo del Espíritu Santo es una llenura secundaria. Sin embargo, puede haber casos en los que alguien recibe el Espíritu Santo al entregar su vida a Jesús y, al mismo tiempo, es bautizado en él.

Muchos desconocen el bautismo del Espíritu Santo, por lo que dejan de disfrutar gran parte de su presencia y del don de lenguas. Sin embargo, este bautismo se explica claramente en la Palabra de Dios:

> Recibirán poder cuando el Espíritu Santo descienda sobre ustedes; y serán mis testigos, y le hablarán a la gente acerca de mí en todas partes: en Jerusalén, por toda Judea, en Samaria y hasta los lugares más lejanos de la tierra.
>
> —Hechos 1:8 NTV

La venida del Espíritu Santo habla sobre bautismo del Espíritu Santo: el fuego que desciende sobre el creyente.

> El día de Pentecostés, todos los creyentes estaban reunidos en un mismo lugar. De repente, se oyó un ruido desde el cielo parecido al estruendo de un viento fuerte e impetuoso que llenó la casa donde estaban sentados. Luego, algo parecido a unas llamas o lenguas de fuego aparecieron y se posaron sobre cada uno de ellos. Y todos los presentes fueron llenos del Espíritu Santo y comenzaron a hablar en otros idiomas, conforme el Espíritu Santo les daba esa capacidad.
>
> —Hechos 2:1-4 NTV

La frase *lenguas de fuego* se refiere al Espíritu Santo que descendió en llamas. Todos los creyentes recibieron el don de lenguas. La capacidad de hablar en lenguas y el bautismo del Espíritu Santo son dones que Dios quiere dar a todos sus hijos. Son necesarios para que sean fuertes espiritualmente y vivir completamente por el Espíritu.

> Mientras Pedro aún estaba diciendo estas cosas, el Espíritu Santo descendió sobre todos los que escuchaban el mensaje. Los creyentes judíos que habían llegado con Pedro quedaron asombrados al ver que el don del Espíritu Santo también era derramado sobre los gentiles. Pues los oyeron hablar en otras lenguas y alabar a Dios.
>
> —Hechos 10:44-46 NTV

Mientras Pedro predicaba, el Espíritu Santo descendió sobre la gente y comenzaron a hablar en lenguas. Una manera de recibir el bautismo del Espíritu Santo es que un siervo ungido de Dios diga palabras sobre una persona, como "Sé bautizado en el Espíritu Santo". Entonces el Espíritu Santo desciende como fuego sobre la persona.

Además, el solo hecho de estar en la presencia de la unción puede hacer que el Espíritu Santo venga en fuego sobre las personas. Cuando ministro, a menudo, después de que alguien es liberado, Dios pronto desata su Espíritu sobre la persona. Esta comienza a hablar en lenguas sin que yo le imponga las manos ni le diga: "Imparto el bautismo del Espíritu Santo sobre ti".

Otra forma en que se recibe el bautismo del Espíritu Santo, a la que acabo de aludir, es mediante la imposición de manos:

> En cuanto oyeron esto, fueron bautizados en el nombre del Señor Jesús. Después, cuando Pablo les impuso las manos, el Espíritu Santo descendió sobre ellos, y hablaron en otras lenguas y profetizaron.
>
> —Hechos 19:5-6 NTV

Esta escritura también muestra que hay dos clases bautismo: el bautismo en agua y el bautismo del Espíritu Santo.

Una clave para recibir el bautismo del Espíritu Santo es entregarlo todo a Jesús. He sido creyente todos los días de mi vida, que yo recuerde. Mi primer memoria es cuando acepté a Jesús como mi Señor a los cuatro años. Pero no experimenté la venida del Espíritu Santo con poder hasta mediados de mis veintes. Cuando experimenté el poder de Dios, fue como conocer verdaderamente a Jesús, más que solo oír hablar de él y creer en él. Una vez que lo conocí, mis ojos se abrieron a su amor indescriptible por primera vez.

De repente, supe que Dios siempre estaba conmigo y que me conocía íntimamente. Supe que nunca me había condenado y que sus pensamientos conmigo siempre habían sido buenos. Supe que sus planes para mí eran muy buenos. Antes creía en todas esas cosas, pero ahora sabía que eran ciertas y las creía con todo mi corazón.

Conocer a Jesús me llevó a enamorarme de él. Y desde entonces me sentí impulsada a entregarlo todo por primera vez. Una vez que me entregué a Dios y deseé que su Espíritu me llenara e hiciera conmigo como quisiera, recibí el bautismo del Espíritu Santo. De inmediato empecé a hablar en lenguas y fui llena del fuego del Espíritu Santo. El bautismo del Espíritu Santo llegó cuando me entregué a Dios y deseé que hiciera conmigo lo que él quisiera. El don de lenguas viene con el bautismo del Espíritu Santo. Para algunos, puede que no se manifieste de inmediato, pero el don se libera en ese momento. A medida que te acercas a Dios y te entregas más, el don de lenguas se activa y se manifiesta.

> El que habla en lenguas se edifica a sí mismo.
>
> —1 Corintios 14:4

Hablar en lenguas es tanto un don como una herramienta de Dios para fortalecer tu espíritu y reprimir tu naturaleza carnal. Por lo tanto, el bautismo del Espíritu Santo es para quienes realmente ya no quieren tener vidas tibias ni participar de su naturaleza carnal. El bautismo del Espíritu Santo libera el fuego del Espíritu Santo y las lenguas, que consumen al hombre carnal cuando se le invita a hacerlo. Eso significa que si te rindes al Espíritu Santo, lo aprecias y valoras el don de lenguas, el Espíritu Santo tomará control poderosamente de tu vida.

Cuando recibí el fuego del Espíritu Santo, lo abracé por completo. Deseaba que mi vida siguiera la voluntad de Dios a cada paso, cada día. Ya no deseaba las cosas de este mundo. Sentía fuego espiritual. Sentía una alegría y una energía incontenibles como nunca antes. Anhelaba pasar tiempo con Jesús más que nunca. Deseaba con fuerza hacer cosas que solo agradaran a Jesús. El Espíritu Santo es quien me dio esos deseos a través de su precioso fuego. Así que dije "Sí y amén" a mi nuevo yo. Seguí apoyándome en el Espíritu Santo y siguiéndolo en esta nueva vida de entrega total y pasión por él.

El bautismo del Espíritu Santo llega cuando lo valoras y lo usas en tu vida. Este bautismo no llega al azar ni debe desperdiciarse. Cuando estés listo para que el fuego que todo lo consume envuelva tu vida, ¡el Espíritu Santo vendrá!

Si nunca has rendido tu vida entera, ¡entrégate a Dios ahora! Exprésate con el corazón. Dile a Dios que deseas seguir su voluntad por completo, aunque eso signifique sacrificar tus sueños por los de él. Dile que deseas y estás listo para que te bautice con su Espíritu.

> ***Habla la apóstol Kathryn Krick:*** *Libero el bautismo del Espíritu Santo para que venga sobre ti ahora. ¡Que el fuego del Espíritu Santo te llene hasta rebosar, ahora mismo, en el nombre de Jesús! ¡Que te llenes de paz y gozo, y que el amor de Dios te envuelva! ¡Que te enciendas de pasión por Jesús de ahora en adelante! Que tu corazón arda cada día por Jesús. Que el temor de Dios te invada, ayudándote a permanecer siempre en su voluntad y a agradarle. ¡Que este fuego por Jesús crezca cada día!*

Abre tu boca y alaba a Dios con tus palabras. Permite que invada cada parte de ti, incluida tu lengua. Pasa tiempo en su presencia y ora en el Espíritu.

> *Gracias, Jesús, por lo que acabas de hacer. Gracias por obrar milagros. Gracias por tu precioso y poderoso Espíritu. ¡Gracias por liberar más de tu Espíritu y llenar a los hambrientos!*

Te animo a leer los siguientes tres capítulos con prontitud, sin perder demasiado tiempo. En ellos aprenderás a mantener tu liberación. Dado que acabas de ser libre, es importante que te prepares de inmediato para comprender las artimañas del enemigo. Cuando conozcas sus tácticas, podrás vencer sus malvadas estrategias y mantener tu libertad.

Capítulo 11

CÓMO MANTENER TU LIBERACIÓN: RÍNDETE

Si necesitabas liberación antes de leer este libro, creo que el poder de Dios lo ha hecho a medida que has leído. El caso espiritual de cada persona es diferente. Algunos de los que leen este libro pueden recibir liberación completa. Otros pueden sufrir una opresión más compleja, o Dios quiere liberarte capa por capa.

¿Por qué, a veces, Dios libera capa por capa o paso a paso? Eso tiene que ver con la sabiduría y la soberanía de Dios. A menudo, en su sabiduría, él sabe que si trae liberación total de inmediato, antes de que la persona se haya rendido completamente y haya sido transformado, puede ceder a las trampas del enemigo y regresar al mundo, sin tomar a Dios en serio. Puede que desvalorice lo que Jesús hizo y trate su liberación como una visita al hospital o una solución rápida y no como un cambio de su estilo de vida y una entrega de todo a Jesús.

En otras ocasiones, Dios libera en forma gradual, simplemente, porque así lo decide. Si has sido liberado de alguna opresión, pero aún te quedan más capas, te animo a sintonizar mis transmisiones en vivo y mis videos publicados en mi canal de YouTube. A medida que te vayas posicionando donde la unción fluye, Dios seguirá liberándote poco a poco. Además, te animo a asistir a un evento, conferencia o servicio dominical en la congregación 5F Church. Visita 5fchurch.org o Apostlekathrynkrick.com para más detalles.

Ahora que has sido liberado, debes hacer algo muy importante: mantener tu liberación. Esto no es una tarea puntual, sino un estilo de vida. Si valoras tu libertad y quieres seguir siendo libre, debes tomar muy en serio la manutención de tu liberación.

> Cuando un espíritu maligno sale de una persona, va por lugares áridos buscando descanso sin encontrarlo. Entonces dice: "Volveré a mi casa, de donde salí". Cuando llega, la encuentra desocupada, barrida y arreglada. Luego va y trae a otros siete espíritus más malvados que él y entran a vivir allí. Así que el estado final de aquella persona resulta peor que el inicial. Así le pasará también a esta generación malvada.
>
> —Mateo 12:43-45

El diablo es completamente malvado. No tiene gracia ni misericordia. Quiere robar, matar y destruir, y no hace acepción de personas. Quiere atormentar a viejos y jóvenes por igual. Un día viviremos en el cielo donde no está el diablo. Pero por ahora vivimos en esta tierra donde el enemigo es el "príncipe de la potestad del aire" (Efesios 2:2), o como está escrito en la Nueva Traducción Viviente:

> Antes ustedes estaban muertos a causa de su desobediencia y sus muchos pecados. Vivían en pecado, igual que el resto de la gente, obedeciendo al diablo —el líder de los poderes del mundo invisible—, quien es el espíritu

que actúa en el corazón de los que se niegan a obedecer a Dios.

Mientras vivamos en esta tierra, debemos estar presentes cada día y pelear la buena batalla de la fe contra el "líder de los poderes del mundo invisible" (Satanás). Con la ayuda de Dios, siempre y fácilmente saldremos victoriosos. Pero debemos hacer nuestra parte obedeciendo a Dios y manteniéndonos entregados. Cuanto más camines en obediencia a Dios, más fuerte te volverás espiritualmente y más verá el diablo que atacarte es una pérdida de tiempo. Cuanto más obedezcas a Dios, más recibirás la recompensa de que el enemigo no pueda atacarte tanto como antes. A medida que aumentes tu obediencia, también aumentarán tu favor y tu protección.

Imagina que la tierra donde estabas en cautiverio es un lugar llamado Egipto. Ahora medita en el momento en que vas a ser libre, cuando zarpes de las costas de Egipto. La tierra prometida (de vida plena y abundante) está a un corto viaje en barco. Si alguna vez has navegado, sabes que al alejarte de la orilla, aún puedes oír los sonidos de la ciudad y ver sus luces. Así que, al zarpar, aunque ya no estés en la tierra de Egipto, sigues estando muy cerca. Cuanto más navegas, más silenciosos son los ruidos y más tenues se vuelven sus luces. Con el tiempo, perderás de vista y de oído la tierra.

Así es en el reino espiritual. Cuando abandonas la tierra de cautiverio, el enemigo te ve como un blanco fácil, a la distancia. Además, una vez liberado, el enemigo se enoja mucho por la pérdida. De forma que tiende a esforzarse más con aquellos que son más propensos a caer en sus trampas. Él sabe que quienes son fuertes en el Señor y tienen mayor favor son una pérdida de tiempo, porque cuando él los tienta, siguen resistiéndolo en obediencia a Dios. Eso no significa que ya no ataque a los espiritualmente fuertes y a quienes han sido obedientes por mucho tiempo. Pero es más parecido a lo que sucedió con Jesús: el diablo lo tentó en el desierto y luego "lo dejó hasta otra oportunidad" (Lucas 4:13). Por otro lado, el enemigo tiende a atacar con mayor frecuencia a quienes están "cerca de Egipto". Esta es la revelación ampliada de Mateo 12:43-45.

Los demonios provienen del diablo y están en unidad con él. Realizan su trabajo según las instrucciones del maligno. Cuando a un demonio se le expulsa es porque ha fallado en su trabajo y le espera un castigo. El demonio quiere regresar a la persona en la que vivió y, por venganza, traer consigo más demonios. Cuando una persona es liberada, el objetivo del demonio es regresar con más opresión aún. Pero si te tomas en serio mantener tu liberación, ¡ningún demonio podrá regresar jamás! Aunque el diablo lo intente porque no estás lejos de "Egipto", es impotente cuando tienes a Dios de tu lado. Y si te tomas en serio el hecho de mantener tu liberación, Dios derrotará al diablo cada vez que intente atacarte.

Así que, si acabas de ser liberado, no hay absolutamente nada que temer. Sin embargo, es fundamental que tengas el temor de Dios como nunca antes. Ahora no es momento de ser perezoso en tu fe. Tienes que ser un hijo de Dios comprometido y un soldado de Jesús. Esto debería ser el cristianismo normal. Pero en la actualidad, cuando el cristianismo tibio es común y muchos en el cuerpo de Cristo carecen del temor de Dios, debo enfatizar la importancia de ser un discípulo serio que teme a Dios.

Una razón por la que el diablo desea tanto traer de vuelta la opresión es que cuando fuiste liberado, fue una gran pérdida para su reino. Una parte de su imperio fue destruida y derrotada cuando esas cadenas se rompieron. La segunda razón por la que quiere traer de vuelta la opresión es para desacreditar a los siervos ungidos de Dios. Quiere que la gente piense que la liberación no está ocurriendo en el ministerio donde fueron liberados. Quiere engañar a la gente para que piensen que la liberación es brujería o un montaje con actores.

La mayor estratagema del diablo contra los ministros ungidos y sus ministerios es influir en la gente para que piensen que esos ministerios son falsos, difundiendo mentiras a través de los escépticos y fariseos de hoy. El diablo quiere que quienes acudieron a un ministerio ungido parezcan más atados que antes. Quiere empeorar la opresión, con la esperanza de que se dé un mal testimonio. Los ataques contra las personas recién liberadas también lo son contra los verdaderos siervos de Dios, sus ministerios y todo el reino de Dios.

Insisto, debes tomar en serio el mantenimiento de tu liberación y ver eso como una gran responsabilidad. Cuando un ministro expulsa un demonio de ti, no es responsable de que mantengas tu liberación. Solo tú puedes hacer eso. La responsabilidad de ellos es ofrecer enseñanza y capacitación para que te formen como un discípulo maduro que pueda caminar en victoria. Pero depende de ti escuchar o leer las enseñanzas. Y es tu responsabilidad valorarlas y aplicarlas realmente. Depende de ti llevar una vida de entrega a Jesús.

A fin de que estés equipado para ser victorioso en cada situación, los siguientes tres capítulos revelarán las estratagemas del diablo para reavivar la opresión.

Entrega

La manera más importante de mantener tu liberación es mediante la entrega a Jesús: someter todo en tu vida a su autoridad y su poder. De hecho, todos los demás aspectos en cuanto a mantener tu liberación se basan en la entrega. "Si tratas de aferrarte a la vida, la perderás, pero si entregas tu vida por mi causa, la salvarás" (Mateo 16:25 NTV).

Si no entregas todo a Jesús, no podrás vencer al diablo. Perderás tu libertad y una vida celestial en la tierra con él. Pero si entregas tu vida para seguirlo cada día, la salvarás. Serás salvo de las garras del enemigo. Cuando no te entregas a Jesús, desactivas la ayuda de Dios. Una vida entregada al noventa por ciento no es suficiente. Es como tener la mayoría de las puertas de tu casa cerradas, y una sin llave.

Entregar todo a Jesús es la mejor decisión que puedes tomar. Sin duda, es la mejor decisión que hice. Estoy totalmente de acuerdo con el apóstol Pablo cuando afirma:

> Antes creía que esas cosas eran valiosas, pero ahora considero que no tienen ningún valor debido a lo que Cristo ha hecho. Así es, todo lo demás no vale nada cuando se le compara con el infinito valor de conocer a Cristo Jesús, mi Señor. Por amor a él, he desechado todo lo demás y lo considero basura a fin de ganar a Cristo.
>
> —Filipenses 3:7-8 NTV

Todo lo que he tenido que renunciar para seguir a Jesús ha valido la pena. Los sueños que abandoné por Dios, aunque fueran buenos, no se conformaban a la voluntad de Dios con mi vida. Y todo lo que está fuera de la voluntad de Dios es basura. ¡No lo quiero! La vida mundana de placeres ya no es atractiva cuando pruebas el amor de Jesús, el único que brinda verdadera satisfacción, paz y gozo.

Vivir en una relación con Dios y andar en su voluntad son los mayores placeres del universo. *Nada* se compara. El diablo realmente ha engañado a la gente. Si reconocieran cómo los ha engañado el diablo, la mayoría renunciaría con gusto a su estilo de vida mundano para seguir a Jesús. No dudes entregar todo a Jesús, te animo a que lo hagas de todos modos. No te arrepentirás.

A quienes realmente no quieren renunciar a algo, ya sean amigos mundanos, alcohol, fiestas, sexo fuera del matrimonio, egoísmo o ver y escuchar películas y música oscura, los animo encarecidamente a que lo reconsideren. Todas esas cosas del mundo no valen la pena. El deseo que sientes de participar en esas actividades proviene del enemigo. Él está influyendo en tus sentimientos y tus pensamientos. Él es el padre de la mentira y te está mintiendo, diciéndote: "No es para tanto. Eso es inofensivo". Te está mintiendo cuando te hace sentir que lo que estás haciendo o en lo que participas es una fuente de gran felicidad.

Todas esas tentaciones del enemigo son puertas abiertas cuando se actúa en consecuencia. El placer carnal de esas cosas no vale la pena a causa de la opresión demoníaca que implica. Además, esos placeres no valen los pensamientos condenatorios con los que el diablo te llenará por no ser obediente a Jesús. Antes no lo veía así, pero ahora lo veo.

Ojalá pudiera decirle estas cosas a mi yo adolescente. Te las digo con el amor de Dios, como si fueras mi hijo. Siento con fuerza la pasión de Dios por ti mientras escribo. Dios quiere que estés seguros en sus brazos. Él quiere tener intimidad y una relación contigo. Quiere derramar tantas bendiciones sobre ti que no haya espacio para todas. Quiere que cumplas tu propósito en esta tierra y quiere cambiar el mundo a través de ti. Quiere salvar almas y destruir el control del diablo sobre las vidas de las personas a través de ti.

Esta es la *mejor* vida. Esta preciada vida, el "cielo en la tierra", que solo se puede encontrar cuando entregas toda tu vida a Jesús. No prometo lo que no puedo garantizar, pero de verdad te aseguro esto. No puedes encontrar satisfacción aparte de entregarte a Jesús. De esto estoy segura. Fuiste creado con un vacío que solo Jesús puede llenar. Ese vacío te impulsa a buscar amor y satisfacción. Te impulsa a buscar un propósito. Solo cuando te entregues a Jesús, ese vacío se llenará. Experimentarás el mayor amor, satisfacción y propósito. Si aún no lo has hecho, ahora es el momento de entregar cada aspecto de tu vida a él. Aparta un momento para estar con Jesús y entrégate a él ahora.

Cierra todas las puertas

> No den cabida al diablo.
>
> —Efesios 4:27

Cuando una persona peca, técnicamente, abre una puerta. Cuando persiste en el pecado, la puerta se abre aún más. No solo los actos mundanos obvios son pecados. Pecado es cualquier acción que contradice los mandamientos de Dios en la Biblia y en su palabra *rhema* (su palabra hablada en tiempo presente a través de sus siervos). El pecado también puede incluir la inacción ante los mandamientos de Dios. No dedicar tiempo habitualmente a la Palabra de Dios es pecado. Mantener cerca a los amigos errados (aquellos que no están entregados a Dios) es pecado. (Eso no incluye a los familiares no entregados con los que estás obligado a convivir en esta etapa de tu vida). Decir palabras negativas impertinentes es pecado. Faltarle el respeto a tu líder espiritual es pecado. Es importante que entiendas qué se considera pecado para que también puedas identificar qué puede abrirle una puerta al enemigo.

Si cometes un error y pecas, intencionalmente o no, no implica que entre un demonio en ti automáticamente. No deberías vivir con la paranoia de que nunca puedes cometer un error. La gracia de Dios está presente para protegerte. El peligro espiritual de un pecado radica en la reincidencia constante sin un arrepentimiento genuino. El pecado es especialmente destructivo cuando vives sin el temor de Dios y tratas la obediencia a Dios como algo casual y opcional.

> Las tentaciones que enfrentan en su vida no son distintas de las que otros atraviesan. Y Dios es fiel; no permitirá que la tentación sea mayor de lo que puedan soportar. Cuando sean tentados, él les mostrará una salida, para que puedan resistir.
>
> —1 Corintios 10:13 NTV

Esta escritura no dice que Dios no permitirá que la tentación sea más de lo que puedes soportar algunas veces o la mayor parte del tiempo. Dice que él no la permitirá, punto. En toda circunstancia, Dios es fiel y no permitirá que la tentación sea más de lo que puedas soportar. En cada situación en la que seas tentado, él te mostrará una salida para que puedas perseverar. La clave es la rendición. Eso es lo que activa la ayuda de Dios, mostrándote una salida.

Muchas veces, cerrar la puerta abierta es lo que lleva a la liberación. Cerrar la puerta es la acción de transferir a quien le das tu autoridad, del enemigo a Dios. Una vez liberado, es crucial que mantengas esas puertas cerradas. A veces, por la gracia de

Dios, él puede liberarte antes de que hayas cerrado las puertas. Si ese es el caso, es muy importante que las cierres de inmediato. Si fuiste liberado de una adicción, deshazte de las drogas, el alcohol, la pornografía, etc. Si seguir a ciertas personas en línea te tienta a pecar, deja de seguirlas. Si tienes amigos cercanos que no se han rendido a Dios, es esencial que cortes lazos o pongas límites, según te guíe el Espíritu Santo.

Mantener cerca a las personas equivocadas es una gran puerta abierta al enemigo. Esta es una de las mayores maneras en que el diablo engaña a las personas, especialmente a los cristianos. Los cristianos justifican tener cerca a las personas erradas diciéndose que las aman y que son una luz para ellas. Sin embargo, Jesús solo mantuvo a doce discípulos casi cerca de él, y todos estaban entregados a Dios. Luego acercó mucho a tres discípulos que eran los más entregados a Dios. Jesús eligió llevar consigo a Santiago, Juan y Pedro en momentos íntimos y vulnerables, como en el Monte de la Transfiguración y en el Huerto de Getsemaní (Mateo 17:1-13; 26:36-38). Por tanto, debemos seguir el ejemplo de Jesús en cuanto a nuestra seguridad espiritual.

"No se dejen engañar: 'Las malas compañías corrompen las buenas costumbres'" (1 Corintios 15:33). Mantener una relación cercana con alguien mientras esa persona tiene las puertas abiertas al enemigo es darle autoridad para hablarte a través de esa persona. El comportamiento de ese individuo por sí solo te afectará y te contagiará debido a este principio. Por mucho que te esfuerces, esa persona corromperá tu moral y la opresión del enemigo puede venir.

Este concepto excluye a los familiares con los que estás obligado a convivir. En estas situaciones, una gracia especial te cubre, ya que su proximidad está fuera de tu control. Dios usará cualquier ataque que el enemigo intente lanzar a través de esos familiares como fuego purificador para fortalecer tu fe y moldearte más a su imagen. Sin embargo, necesitas comprender la seriedad de estar vigilante para pelear la buena batalla de la fe y continuar con las disciplinas espirituales que te mantienen fuerte en lo espiritual. Todos somos llamados a estar alerta en la guerra espiritual en la que nos encontramos, pero debes estar especialmente vigilante, consciente de tu situación única y entendiendo que puede ser utilizada como fuego purificador.

Otra puerta importante que debes cerrar es la del habla negativa. Para algunos, esto puede implicar un cambio total en su estilo de vida.

Para asegurarte de no abrir puertas con tus palabras, proponte cada mañana pronunciar solo palabras de vida durante el día. Decídete a pensar antes de hablar. El cambio no llega sin intención. Debes tomar la decisión de cambiar en este aspecto. Al hablar con intención día a día, con el tiempo te transformarás y te parecerás más a Jesús en tu forma de hablar. Las maldiciones y las palabras negativas serán eliminadas de tu lenguaje.

Llénate del Espíritu Santo

Leamos nuevamente esta escritura:

> Cuando un espíritu maligno sale de una persona, va por lugares áridos buscando descanso sin encontrarlo. Entonces dice: "Volveré a mi casa, de donde salí". Cuando llega, la encuentra desocupada, barrida y arreglada. Luego va y trae a otros siete espíritus más malvados que él y entran a vivir allí. Así que el estado final de

> aquella persona resulta peor que el inicial. Así le pasará también a esta generación malvada.
>
> —Mateo 12:43-45

Encontrar la casa "desocupada, barrida y arreglada" significa que el demonio encontró a la persona vacía del Espíritu Santo. Cuando un demonio se va, hay un vacío que debe ser llenado con el Espíritu Santo o verá que tiene la autoridad para regresar. Llenarse del Espíritu Santo no es algo que ocurre una sola vez, sino que debe implicar acciones que realices a diario.

> No se emborrachen con vino, que lleva al desenfreno. Al contrario, sean llenos del Espíritu. Anímense unos a otros con salmos, himnos y canciones espirituales.
>
> —Efesios 5:18-19

Ahora veamos qué significa ser llenos del Espíritu Santo:

1. Entrégate al Espíritu Santo y permite que haga su voluntad, llenándote y bautizándote con su Espíritu. Como compartí en el capítulo 10, el bautismo del Espíritu Santo es crucial para que el creyente lleve una vida guiada por el Espíritu y para que su espíritu sea más fuerte que su naturaleza carnal. Recibir el fuego del Espíritu Santo que viene con el bautismo te da la fuerza y el poder para resistir al diablo y crucificar tu carne.

2. Entabla una relación con Dios. Esto no es solo una decisión, también es una disciplina. Si tu relación con Dios se basa en los sentimientos, será muy voluble. Tu relación con Dios debe basarse en la fe, ya que en ella se fundamenta todo en el reino. Un joven adulto puede no querer pasar mucho tiempo con sus padres.

Quizás desee estar con amigos o solo. Sin embargo, cuando un hijo adulto decide pasar tiempo con sus padres, es por amor a ellos. Puede que haya días en los que no tengas ganas de dedicar tiempo a orar o leer la Palabra. Eso no significa que no ames a Dios ni que debas avergonzarte. Es importante entender que tu relación con Dios no se basa en sentimientos, sino en tu decisión diaria de amarlo. De lo contrario, descuidarás tu relación con Dios o creerás las mentiras condenatorias del diablo cada vez que no tengas ganas de dedicar tiempo a la Palabra o a la oración.

¿Qué es una relación con Dios?

Una relación con Dios se compone de oración, lectura de las Escrituras, adoración y obediencia. Todo esto se basa en la decisión y la acción, no en los sentimientos.

Oración

Muchos cristianos no saben orar. Creen que deben hacerlo solos en su habitación durante muchas horas, con lenguaje de la Biblia u otras palabras que no son naturales para su vocabulario. Muchos también creen que los rituales de oración y las palabras religiosas persuaden a Dios a escucharlos y actuar a su favor.

La oración debe surgir de una relación genuina con Dios en la que haya verdadera intimidad. Orar a Dios como si fuera una figura desconocida en un lugar lejano, que no entiende tu forma natural de hablar, no constituye una relación ni intimidad alguna. Tener una relación con Dios es decidir convertirlo en tu mejor amigo, Padre y Señor, todo a la vez.

A veces deberías hablar con Dios como le hablas a tu mejor amigo: compartiendo muchos detalles a lo largo del día con tu forma habitual de hablar, con respeto, amor y vulnerabilidad.

Debes llevar a Dios contigo, consciente e intencionadamente, a donde quiera que vayas, todos los días. Crea intimidad renovando tu mente en cuanto a que Dios siempre está contigo. Tráelo a tus pensamientos. Cuando veas una hermosa puesta de sol, ¡dale las gracias! Cuando experimentes su favor, ¡agradécele! Cuando tu corazón sea bendecido, ¡dale las gracias!

Cuando reflexiones en sus promesas, dile:

> *Gracias, Señor, por las promesas que se cumplirán. Confío en ti. Confío en tu tiempo. Te agradezco por guiarme a través de todo lo que he pasado. Tú sabes la mejor manera de transformarme y refinarme. Te amo, Jesús.*

Cuando estés pasando por momentos difíciles, dile:

> *Señor, necesito tu ayuda. Gracias porque estás luchando por mí y ayudándome a superar esto. Sé que tienes un propósito en todo lo que permites que ocurra. Gracias, Señor, por estar conmigo y ayudarme a superar esto.*

Aunque Dios quiere que lo trates como tu mejor amigo, eso no significa que quiera que digas lo que sientes sin pensarlo. Hay poder en tus palabras, aun cuando hablas con Dios. Él quiere que vivas por fe, no por sentimientos. Es por fe que agradamos a Dios, no desahogando nuestros sentimientos. Una manera de mostrarle a Dios que lo amas es obedecerlo, eligiendo ser espiritualmente maduro y hablando solo palabras que se alineen con la Palabra de é. Trata a Dios como tu mejor amigo, pero con madurez espiritual, en lugar de —quizás— con tu forma predeterminada de hablar, basado en tus sentimientos.

Dios también quiere que le hables como tu Padre y tu Señor. Háblale siempre con respeto. Cuando lo trates como tu mejor amigo, asegúrate de recordar también que es tu Padre y tu Señor.

Otro aspecto de la oración es colaborar con Dios para que se cumpla su voluntad en la tierra. Estás llamado a vivir con autoridad en esta tierra. Eres llamado a sanar enfermos, expulsar demonios y mover montañas. Todo esto se hace con el poder de Dios al colaborar con él. Pero él nos insta a tomar la autoridad y proclamar la Palabra. Muchos creyentes oran mal, por eso no ven resultados. Oran: "Dios, por favor, sana a esta persona", cuando la forma correcta de orar es decir: "Sé sano" u ordenar a los demonios que se vayan; es decir, cuando eso está en tu ámbito espiritual y en orden, guiado por el Espíritu Santo.

> Les aseguro que si alguno dice a este monte: "Quítate de ahí y tírate al mar", creyendo, sin abrigar la menor duda en el corazón de que lo que dice sucederá, lo obtendrá.
>
> —Marcos 11:23

Muchas de tus peticiones de oración deberían ser, en cambio, declaraciones dirigidas a la montaña. Al declarar, no actúas solo. Esto es oración. Es colaboración con Dios para que se cumpla su voluntad.

Además, cuando oras, no necesitas repetir tus peticiones una y otra vez hasta que se cumplan. Repetir peticiones demuestra falta de fe en que Dios te ha escuchado. Es mejor declarar una vez y, a partir de ahí, agradecer a Dios por el milagro que se avecina.

Si estás en una iglesia donde el poder de Dios se mueve, también recibirás oraciones durante los servicios. Esas palabras no pueden regresar vacías. Dios desea que ores con entendimiento y fe. Si aún no has visto el milagro manifestarse, pero estás plantado en una iglesia ungida, agradece a Dios por el milagro que se te manifestó a través de las declaraciones (oraciones) del siervo de Dios y ten fe en que el milagro se hará evidente a su tiempo. Es importante recibir lo que Dios libera a través de su siervo, en vez de actuar como si las oraciones no hubieran sucedido solo porque aún no has visto el milagro manifestarse.

También hay un momento para presentar humildemente tus peticiones a Dios. Cuando le pidas dirección a Dios y no estés seguro de su voluntad ni de su tiempo, dale la autoridad. Acércate a Dios como un niño y comparte con él los deseos puros de tu corazón.

> No tienen lo que desean porque no se lo piden a Dios. Aun cuando se lo piden, tampoco lo reciben porque lo piden con malas intenciones: desean solamente lo que les dará placer.
>
> —Santiago 4:2-3 NTV

Pedir cosas a Dios debe hacerse con respeto, no con egoísmo, sino con motivos puros. Si te das cuenta de que quieres algo por una razón egoísta, pídele a Dios que te ayude a ser más humilde y desinteresado.

Darle las gracias a Dios debería ser tu oración más frecuente. Así es como se ora sin cesar (1 Tesalonicenses 5:17-18). Mucha gente piensa que orar sin cesar es presentar constantemente peticiones a Dios, por lo que algunos pueden sentirse inseguros en su relación con Dios porque se quedan sin nada que pedirle en pocos minutos. Pero si le pides constantemente a Dios, o no confías en que te escuche o deseas demasiado, necesitas ser más generoso. Si no tienes muchas peticiones, es bueno, no malo.

Significa que confías en que Dios está obrando y estás contento con su tiempo para obrar milagros. Estás más enfocado en servir a Dios y mostrar amor a los demás que en todo lo que no tienes.

Si te vas de vacaciones con un amigo o un ser querido, probablemente habrá momentos de silencio entre ustedes. No hay nada de malo en eso; al fin y al cabo, es intimidad, incluso cuando no se intercambien palabras. Así es con Jesús. Una parte fundamental de tu relación con Dios será incluirlo en tu corazón, mente y oración dondequiera que vayas, y darle gracias continuamente.

La relación con Dios no debe ser complicada. Sin embargo, la religión tiende a complicarlo todo. La estratagema del enemigo, a través del espíritu religioso, intenta hacer que todo en el reino de Dios parezca inalcanzable. Es hora de liberarte de ese espíritu de religión y entrar en una preciosa e íntima relación con Dios. ¡Puedes empezar ahora mismo!

Leer la Palabra

> En el principio era el Verbo, y el Verbo estaba con Dios, y el Verbo era Dios.
>
> —Juan 1:1

Dios es el Verbo. Si no lees la Palabra, no estás entablando una verdadera relación con Dios. La Palabra revela el carácter de Dios. Él habla en la Palabra. Cuando lees la Palabra, conoces a Dios. Conocerás su corazón y sus cualidades: como la fidelidad, la bondad, la pureza y el amor indescriptible. Cuanto más leas la Palabra, más lo conocerás. Cuanto más leas la Palabra, más sabrás cómo suena su voz y podrás escuchar esa voz apacible y delicada que te guía, te corrige y te habla cada día. Cuanto más leas la Palabra, más podrás discernir entre la voz del diablo y la voz de Dios. Leer la Palabra es una parte importante de pasar tiempo con Dios y escucharlo.

Sin embargo, ten en cuenta que los fariseos y Jesús leían la misma Palabra de Dios, pero sus interpretaciones eran completamente diferentes. La "revelación" de los fariseos sobre el corazón de Dios y sus caminos, así como sobre cómo seguir sus mandamientos, era en muchos sentidos opuesta a la de Jesús. Entonces, ¿cómo te aseguras de recibir la verdadera revelación —el vino nuevo de Dios y la revelación de Jesús— en lugar de la versión de los fariseos? Debes ser discipulado.

> Por tanto, vayan y hagan discípulos de todas las naciones, bautizándolos en el nombre del Padre y del Hijo y del Espíritu Santo, enseñándoles a obedecer todo lo que les he mandado a ustedes. Y les aseguro que estaré con ustedes siempre, hasta el fin del mundo.
>
> —Mateo 28:19-20

Estás llamado a ser *discípulo*, lo que significa que debes ser discipulado. Parte de ello implica ser enseñado y equipado por un ministro quíntuple ungido. La mayor parte de esta enseñanza y equipamiento provendrá de tu madre o tu padre espiritual. Según Mateo 28:20, Jesús envió siervos ungidos de Dios para guiarte y enseñarte lo que él ha ordenado. Los ministros quíntuples son ungidos para enseñar con revelación, verdadera y nueva, el significado de las Escrituras. Al recibir estas enseñanzas, se te imparte una unción que te ayuda a escuchar la voz de Dios al leer su Palabra.

Por ejemplo, quizás te hayan enseñado erróneamente que Dios quiere que sigas sus mandamientos "porque sí". En esa situación, lo más probable es que leas la Palabra como un conjunto de leyes que estás obligado a seguir. Pero cuando se te enseña correctamente que Dios te ha dado su Palabra como guía para una vida abundante y un plan de batalla para la victoria sobre el diablo, ¡la leerás con reverencia, entusiasmo y gozo! Tomarás las palabras en serio y te sentirás motivado a seguir los mandamientos.

Si lo que te enseñan erróneamente no muestra el corazón de gracia, misericordia y compasión de Dios, leerás la Palabra a través de la lente de la condenación. Sentirás que es demasiado difícil hacer todo lo que Dios te pide. Sin embargo, si tienes un maestro ungido que te revela el amor de Dios, leerás la Palabra como una carta de amor, reconociendo el amor de Dios a través de lo que él dice en su Palabra.

Sobre todo, necesitas que el Espíritu Santo te ayude a recibir la revelación adecuada de la Palabra de Dios. Parte de acceder a la ayuda del Espíritu Santo en esto es someterte a tu madre o padre espiritual designado por Dios y rendirte continuamente al Espíritu Santo mientras lo invitas a hacer su voluntad en tu vida.

> Por esto, despójense de toda inmoralidad y de la maldad que tanto abunda, para que puedan recibir con humildad la palabra sembrada en ustedes, la cual tiene poder para salvarles.
>
> No se contenten solo con oír la palabra, pues así se engañan ustedes mismos. Llévenla a la práctica. El que escucha la palabra, pero no la pone en práctica, es como el que se mira el rostro en un espejo y después de mirarse, se va y se olvida enseguida de cómo es. Pero quien se fija atentamente en la ley perfecta que da libertad y persevera en ella, no olvidando lo que ha oído, sino haciéndolo, recibirá bendición al practicarla.
>
> —Santiago 1:21-25

La Palabra de Dios se arraiga en ti cuando la lees a diario y cuando estás afianzado en un ministerio ungido bajo el liderazgo de tu madre o padre espiritual. Algunas personas se vuelven perezosas en su propio camino espiritual cuando están en iglesias ungidas, pensando que todo lo que necesitan hacer es simplemente asistir a la iglesia y escuchar las enseñanzas. Sin embargo, escuchar la Palabra a través de las enseñanzas y leerla uno mismo son igualmente importante.

Necesitas tener tu propia relación con Dios y dedicarle tiempo en la Palabra. Al hacerlo, algo muy poderoso y sobrenatural ocurre, ayudándote no solo a obtener la victoria sobre el enemigo, sino también a mantener tu liberación.

En cuanto a la cantidad de la Palabra que debes leer diariamente, déjate guiar por el Espíritu Santo. Leer la Palabra debe ser una disciplina, pero no dejes que se convierta en una religión (un ritual de vino añejo). Una pauta general es acostumbrarte a leer al menos un capítulo de la Palabra al día. Pero si solo lees un versículo en un día en particular debido a un ajetreo inusual, no es un gran problema. No debes sentirte condenado por no encontrar tiempo para leer un capítulo completo. Sobre todo, dedicar tiempo a la Palabra debe ser una de las principales prioridades de tu día. Es importante vivir en la gracia de Dios y, al mismo tiempo, tener el temor de Dios. Sé disciplinado al leer la Palabra, pero no seas religioso al respecto. Asegúrate de darle espacio al Espíritu Santo para que te guíe en cuanto a qué leer y cuánto leer.

Si eres un nuevo creyente, es bueno comenzar con el libro de Juan. Si has sido liberado recientemente, incluso si has sido creyente por mucho tiempo, sé lo suficientemente humilde como para verte como un creyente joven y recién liberado que apenas comienza a experimentar el vino nuevo.

Plantar la Palabra en ti mismo y vivir lo que dice son dos de las maneras más importantes de mantener tu liberación. La razón principal por la que a las personas les cuesta avanzar después de ser liberadas o de volver a ser oprimidas es que no se llenan de la Palabra ni la aplican. Insisto, llenarse de la Palabra se puede lograr leyéndola y escuchándola a través de enseñanzas ungidas. ¡Santiago 1:21 dice que *la Palabra puede salvarte*! Cada día, mira atentamente la Palabra que verdaderamente trae libertad. Aplica esa Palabra a tu vida día tras día y serás bendecido, viviendo una vida de victoria constante sobre el diablo y manteniendo tu libertad para siempre.

Adoración

> Hablando entre vosotros con salmos, con himnos y cánticos espirituales, cantando y alabando al Señor en vuestros corazones.
>
> —Efesios 5:19 RVR1960

Es importante exaltar a Dios por encima de todo. En tu relación con él como tu Señor, debes alabarlo con regularidad y tratarlo como el Señor de señores que es. Esta adoración puede manifestarse a través de diferentes medios para expresar tu adoración y tu alabanza, incluyendo el canto, la danza y tus palabras. La adoración también puede manifestarse en cada aspecto de tu vida. Todo lo que hagas debe ser para el Señor. "Y todo lo que hagas, hazlo de corazón, como para el Señor y no para los hombres" (Colosenses 3:23).

Cuando vayas a trabajar, hazlo con excelencia y diligencia. Trata a todos en tu lugar de trabajo con respeto y amor. Llega puntual, sé responsable y honesto. Ya sea que atiendas a tus hijos, te cuides físicamente, limpies la casa, hazlo con excelencia y lo mejor que puedas. Al hacer todo esto con el propósito de obedecer a Dios, lo estás adorando. Todo lo que él te pide que hagas, hazlo como adoración a él, no porque te esté "obligando", sino porque lo reverencias y deseas obedecerlo. Hazlo todo con excelencia porque él es el Señor y sabe más.

Obediencia

Me gusta describir la obediencia como el "lenguaje de amor" de Dios, lo que significa que obedecer a Dios es lo que más conmueve su corazón. Mucha gente piensa erróneamente que los rituales religiosos, como pronunciar oraciones repetitivas o apasionadas, ayunar rutinariamente por tradición, etc., impresionan espiritualmente a Dios o son el camino a su corazón.

> Pero Samuel respondió: "¿Qué es lo que más le agrada al Señor: tus ofrendas quemadas y sacrificios, o que obedezcas a su voz? ¡Escucha! La obediencia es mejor que el sacrificio, y la sumisión es mejor que ofrecer la grasa de carneros".
>
> —1 Samuel 15:22 NTV

Saúl pensaba que hacer sacrificios religiosos era lo más importante que podía realizar para agradar a Dios pero, en realidad, la obediencia lo era. El sacrificio es esencial cuando se realiza en obediencia a Dios. Pero algunos hacen sacrificios de oración, ayuno y otras actividades espirituales de manera formal para ganarse la justicia o el respeto de otros cristianos, no en obediencia a Dios. Algunos que leen la Biblia y oran a diario son descuidados con sus palabras y albergan celos y orgullo en sus corazones. Creen que la parte más crucial de la relación con

Dios es marcar una lista de actividades espirituales como leer la Palabra y orar, por lo que descuidan los aspectos de la vida que les parecen menos espirituales.

Sin embargo, lo más importante de la relación con Dios es la obediencia, momento a momento, cada día. Cuando Dios te pide que pases tiempo con tus hijos y lo haces, en ese momento le estás obedeciendo, y es lo más espiritual que puedes hacer. Cuando Dios te pide que limpies la casa y le obedeces en eso, es lo más espiritual que puedes hacer en ese momento.

Ser una persona conforme al corazón de Dios (Hechos 13:22) significa ser apasionado por hacer su voluntad y todo lo que él te pide, y perseverar y llevarlo a cabo. El deseo de Dios es que sus hijos descubran su amor y reciban su sanidad y liberación.

Su principal manera de alcanzar a su pueblo con su amor y poder es a través de sus siervos. Por lo tanto, la obra de Dios que se lleva a cabo en las iglesias y ministerios ungidos por Dios es la más importante del mundo. Aunque Dios llama a sus creyentes a ser sus instrumentos en diversos aspectos de la sociedad, el lugar donde los creyentes están capacitados para ser instrumentos poderosos es la iglesia. La iglesia también es donde ocurren las señales, prodigios y milagros más poderosos gracias a la unción de alto nivel que se confía a los líderes de la iglesia (Hechos 2:43).

Obedecer a Dios contribuyendo a su obra mediante el servicio, la testificación, la difusión de las buenas nuevas de lo que él hace en la iglesia y la siembra es una parte fundamental de nuestra relación con Dios. Al contribuir a su obra, colaboras con él para hacer lo que más le apasiona. ¡Eso es intimidad! No es solo en la oración y la lectura de la Palabra que se encuentra la intimidad con Dios. La intimidad siempre se encontrará cuando hagas algo en obediencia a Dios. ¿Por qué? Porque cuando obedeces a Dios, colaboras con él y tocas su corazón.

Capítulo 12

CÓMO MANTENER TU LIBERACIÓN: PERMANECE PLANTADO

Uno de los principios cruciales en el reino de Dios, requerido para todos los creyentes, es estar plantado en una iglesia ungida donde Dios te llama.

> Es como el árbol plantado a la orilla de un río que, cuando llega su tiempo, da fruto y sus hojas jamás se marchitan. Todo cuanto hace prospera.
>
> —Salmos 1:3

El significado de esta escritura es claro: Cuando estás plantado en una iglesia ungida, fructificarás en todo tiempo, prosperarás y vencerás constantemente las artimañas del enemigo. Eso significa que una clave fundamental para vivir en abundancia y obtener constantemente la victoria sobre el enemigo es estar y permanecer plantado.

Una iglesia ungida es aquella que es ordenada por Dios, no por el hombre, y cuyo líder es ungido por Dios, no por el hombre. Estar plantado es uno de los principios del vino nuevo que muchos cristianos ignoran o desconocen su importancia. Estar plantado significa permanecer en un solo lugar, plantado en una sola iglesia.

> Aunque tuvieran ustedes miles de tutores en Cristo, padres sí que no tienen muchos, porque mediante el evangelio yo fui el padre que los engendró en Cristo Jesús. Por tanto, les ruego que sigan mi ejemplo. Con este propósito envié a Timoteo, mi amado y fiel hijo en el Señor. Él les recordará mi comportamiento en Cristo Jesús, como enseño por todas partes y en todas las iglesias.
>
> —1 Corintios 4:15-17

Esta escritura habla del principio de estar plantado en un solo lugar, bajo un líder (madre o padre espiritual). Este principio es contrario a la "cultura del bufé" que la mayoría de la gente sigue en la actualidad. Muchos televidentes usan no solo un servicio de trasmisión o *streaming*, sino varios. La mayoría usa no solo una plataforma de redes sociales, sino muchas. También hay una gran cantidad de tiendas y restaurantes para elegir.

Muchos piensan que esta cultura de bufé es el mejor estilo de vida. Sin embargo, en el ámbito espiritual ocurre lo contrario. Es importante que no incorpores tu estilo de vida físico estilo bufé a tu vida espiritual. En el pasaje anterior, Pablo les dijo a los corintios que aun cuando tenían muchos maestros, él era su único padre espiritual. Está bien ver a otros maestros de vez en cuando, pero tu enfoque debe estar donde estás plantado; ahí es donde está tu "GPS espiritual". Es donde serás guiado en la voluntad de Dios, dirigido hacia tu propósito y equipado para cumplir tu llamado en esta tierra.

Cada ministerio tiene una visión. El lugar donde eres llamado a estar plantado se relaciona con tu propósito. Lo que Dios te insta a hacer está en consonancia con el llamado al ministerio: el ministerio donde te ha guiado a ser plantado. Por ejemplo, la congregación que pastoreo, 5F Church, tiene la visión de traer avivamiento al cuerpo de Cristo y a cada nación. Estamos llamados a predicar el evangelio completo, incluyendo las partes que necesitan ser avivadas: que Jesús vino a destruir las obras del diablo aquí y ahora, y que su poder está disponible para liberar a los oprimidos y sanar a los enfermos.

Somos llamados a ser vasos entregados, en quienes Dios confía para derramar su unción. Estamos llamados a liberar su unción en todos los que acudan a él, a sanar a los enfermos, a expulsar demonios y a resucitar muertos. Somos llamados a liberar el vino nuevo de difundir el amor y la gracia de Dios con las personas para que sean liberadas de la ceguera espiritual y de la esclavitud de la religión.

Somos llamados a dar libremente lo que hemos recibido, por lo que la unción debe impartirse a otros. Estamos llamados a hacer discípulos de las naciones, capacitando a líderes y a todos los creyentes para ser vasos poderosos de Dios. Dios nos ha llamado a colaborar con él para restaurar todo lo que se perdió en la iglesia de Hechos: la unción, el ministerio quíntuple, los apóstoles, los profetas, la pureza y la humildad en la iglesia, y los principios y caminos de Dios en su vino nuevo, como usar vasos improbables, "débiles" e "insensatos", según su elección, no la del hombre (1 Corintios 1:27).

No puedes cumplir tu llamado si no estás plantado en el lugar correcto, porque debes estar equipado específicamente para tu llamado, y el lugar donde estás plantado contiene el GPS espiritual para tu futuro. Es importante que estés plantado donde Dios te llama. Les menciono la 5F Church solo como ejemplo. Aplica este ejemplo a tu propia vida mientras disciernes hacia dónde te guía Dios, ya sea 5F u otra iglesia. Si tus pasiones se alinean con esta visión, Dios podría estar llamándote a ser plantado en 5F Church.

Plantado para equipar

> Él mismo constituyó a unos como apóstoles; a otros, profetas; a otros, evangelistas; y a otros, pastores y maestros, a fin de capacitar al pueblo de Dios para la obra de servicio, para edificar el cuerpo de Cristo. De este modo, todos llegaremos a la unidad de la fe y del conocimiento del Hijo de Dios, a una humanidad perfecta que se conforme a la plena estatura de Cristo.
>
> Así ya no seremos niños, zarandeados por las olas y llevados de aquí para allá por todo viento de enseñanza y por la astucia y las artimañas de quienes emplean métodos engañosos. Más bien, al vivir la verdad con amor, creceremos hasta ser en todo como aquel que es la cabeza, es decir, Cristo. Por su acción todo el cuerpo crece y se edifica en amor, sostenido y ajustado por todos los ligamentos, según la actividad propia de cada miembro.
>
> —Efesios 4:11-16

"A fin de capacitar al pueblo de Dios" (v. 12). Así que *necesitas* estar equipado o, de lo contrario, estarás espiritualmente ciego y no estarás preparado para derrotar al enemigo. La guerra espiritual es la más intensa: "Porque no tenemos lucha contra sangre y carne, sino contra principados, contra potestades, contra los gobernadores de las tinieblas de este siglo, contra huestes espirituales de maldad en las regiones celestes" (Efesios 6:12).

La guerra espiritual implica batallas contra poderes y fuerzas demoníacas. Los guerreros físicos practican intensamente en el entrenamiento militar. ¿Cuánto más necesitas entrenar para la batalla espiritual en la que te encuentras? ¡Necesitas entrenamiento espiritual prácticamente todos los días de tu vida! Necesitas la unción profética que fluye a través de tu(s) líder(es) para revelar las astutas maquinaciones del diablo en tiempo real.

Siempre me asombra y me llena de humildad escuchar los testimonios de quienes están plantados en mi iglesia, los que comparten la *necesidad* de la palabra predicada esa semana. Constantemente, la gente testifica de cómo lograron la victoria sobre el enemigo gracias a la capacitación que recibieron esa semana. La formación que recibirás en el lugar donde estás plantado es enviada por Dios para salvarte de los ataques del enemigo. Es enviada para abrir tus ojos espirituales a fin de que el diablo no pueda engañarte ni atraparte con sus astutas artimañas. "Pero la serpiente era más astuta (sutil, diestra en el engaño) que cualquier criatura viviente del campo que el Señor Dios había hecho" (Génesis 3:1). Gran parte de tu victoria sobre el diablo será resultado de la fuerza espiritual y la comprensión que recibas a través de las enseñanzas que imparten en el lugar donde estás plantado. "Su fin es capacitar al pueblo de Dios para hacer su obra" (ver Efesios 4:12). Los cinco ministerios también te equipan para hacer la obra de Dios, para ser un instrumento poderoso para él y cumplir tu propósito. Parte de ese equipamiento incluye la impartición. La impartición de la unción viene cuando estás bajo una madre o un padre espiritual, como Eliseo bajo Elías, Josué bajo Moisés y Timoteo bajo Pablo. Para estar completamente equipado a fin de cumplir tu propósito, necesitas revelación y conocimiento, así como el poder de Dios.

PROTECCIÓN

> Obedezcan a sus dirigentes y sométanse a ellos, pues cuidan de ustedes como quienes tienen que rendir cuentas. Obedézcanlos a fin de que ellos cumplan su tarea con alegría y sin quejarse, pues el quejarse no les trae ningún provecho.
>
> —HEBREOS 13:17

¿Sabías que tu padre espiritual vela por ti? Dios le confía la protección y salud espiritual de tu ser. Verás, mucho de lo que Dios hace por ti lo efectúa a través de un instrumento. Tómame como ejemplo. Gran parte del crecimiento espiritual que he recibido ha sido a través de Dios obrando a través de mi padre espiritual. Gran parte de la instrucción y guía que he recibido de Dios ha venido a través de mi padre espiritual. La forma en que encontré mi llamado fue gracias a Dios hablando a través de un profeta, mi padre espiritual. La mayor parte de la corrección que he recibido ha venido de Dios obrando a través de mi padre espiritual.

En la iglesia donde estás plantado, no solo recibes enseñanza y equipamiento, sino también protección. Para mantener tu liberación, es vital estar protegido. La principal manera en que Dios te protege es a través de tu líder espiritual y la iglesia donde estás plantado.

Esta protección viene de dos maneras. Primero, estar plantado es un principio espiritual. Cuando obedeces un principio espiritual, se desatan beneficios sobrenaturales. La protección sobrenatural se facilita en el momento en que haces el pacto de plantarte donde Dios te llama. Haz este pacto simplemente respondiendo a lo que Dios te pide. Puedes decir en voz alta:

"Me planto aquí en este ministerio __________. __________ es mi madre/padre espiritual. Permaneceré plantado aquí con humildad y lealtad de acuerdo con lo que Dios me ha indicado".

La unción que fluye de tu líder espiritual no solo expulsa demonios. También te protege. La unción que fluye de tu líder llega a tu vida como una protección espiritual constante. Cuando los demonios ven la unción que te cubre y te protege, ¡huyen! Nadie, ni siquiera las brujas ni los brujos, puede maldecirte cuando estás plantado (siempre y cuando mantengas las puertas cerradas y rechaces las malas palabras de la gente). Pero cuando no sigues este principio espiritual, no accedes a esta protección sobrenatural. Algunas personas sufren maldiciones y opresión en sus vidas simplemente porque no están plantadas. No acceden a la plenitud de la protección que Dios tiene para ellas.

En segundo lugar, la protección viene a través de la enseñanza y las palabras proféticas de tu líder espiritual, así como de su corrección y su guía. Dios conoce las artimañas del diablo. Él dirigirá a tu líder para que te provea advertencia profética, guía adecuada y equipamiento, de forma que tengas la victoria sobre estas artimañas, guiándote finalmente a un lugar seguro.

Si aún no estás seguro de dónde estar plantado o si actualmente estás en una iglesia sin el poder de Dios, no debes preocuparte por quedar desprotegido. La gracia de Dios te cubre. Sin embargo, una vez que eres consciente de esta importante verdad, es esencial que actúes. La gracia de Dios va a donde él te llama. Debes ser obediente para permanecer en su gracia. Dios quiere que todos sus hijos estén plantados en un solo lugar y no que anden constantemente de una iglesia a otra. Él será fiel en guiarte donde quiere que estés plantado, siempre y cuando seas humilde y estés dispuesto a escuchar su voz que te guía.

> Permanezcan en mí y yo permaneceré en ustedes. Así como ninguna rama puede dar fruto por sí misma, sino que tiene que permanecer en la vid, así tampoco ustedes pueden dar fruto si no permanecen en mí. Yo soy la vid y ustedes son las ramas. El que permanece en mí, como yo en él, dará mucho fruto; separados de mí no pueden ustedes hacer nada. El que no permanece en mí es desechado y se seca, como las ramas que se recogen, se arrojan al fuego y se queman. Si permanecen en mí y mis palabras permanecen en ustedes, pidan lo que quieran y se les concederá. Mi Padre es glorificado cuando ustedes dan mucho fruto y muestran así que son mis discípulos.
>
> —JUAN 15:4-8

Para permanecer en Dios, necesitas honrar y seguir los caminos de su protección, equipamiento e impartición. Debes permanecer plantado y seguir los principios adecuados para mantenerte seguro y dar buen fruto. Si no permaneces en Dios siguiendo sus caminos, pueden surgir peligros y daños espirituales.

CÓMO SABER DÓNDE DEBES ESTAR PLANTADO

Una vez que te entregues por completo a la guía del Espíritu Santo, él te guiará donde quiere que estés plantado. Debes renunciar a las tradiciones, al deseo de ser querido o comprendido, al deseo de estar libre de persecución y a las costumbres convencionales, porque donde Dios te llama a plantarte, estarás donde está su poder. Y donde está el poder de Dios, también habrá persecución.

Los ministerios que llevan su poder atraen mayor persecución porque el diablo teme más a esos ministerios que realmente destruyen su reino. Dios también usa vasos débiles e insensatos que tienden a ser elecciones poco probables. Esto puede significar que son jóvenes en lugar de los tradicionalmente mayores. Esto puede significar que son mujeres en lugar de los tradicionalmente hombres. Quizás no han asistido a una escuela bíblica tradicional, sino que han sido capacitados por su padre espiritual ungido. Quizás no son populares, no tienen la apariencia tradicional de un pastor ni son oradores muy elocuentes.

Necesitas rendirte a los caminos originales de Dios. Una vez que lo hagas, solo entonces podrás escuchar su voz guiándote para ser plantado en un ministerio específico. Dios te hablará con sabiduría, ayudándote a aplicar su Palabra para discernir qué ministerio proviene de él.

> Por sus frutos los conocerán. ¿Acaso se recogen uvas de los espinos o higos de los cardos? Del mismo modo, todo árbol bueno da fruto bueno, pero el árbol malo da fruto malo. Un árbol bueno no puede dar fruto malo y un árbol malo no puede dar fruto bueno. Todo árbol que no da buen fruto se corta y se arroja al fuego. Así que por sus frutos los conocerán.
>
> —Mateo 7:16-20

Sabrás a qué ministerio te llama Dios al aplicar esta escritura. Sabrás que una iglesia está ungida y que el líder es verdaderamente enviado por Dios si produce fruto. El "fruto" se relaciona con dos partes: carácter y ministerio.

En cuanto a su carácter, ¿posee el líder los frutos del Espíritu Santo (Gálatas 5:22-23) en sus palabras y sus acciones? ¿Es verdaderamente humilde? Cuando llega la persecución y la gente habla mal de él, ¿sigue actuando con humildad o intenta mostrar su valía? ¿Parece ofendido y enojado porque la gente pueda verlo mal? ¿Ama de verdad el líder? Esto se puede comprobar por cómo trata a sus enemigos, pues incluso los incrédulos aman a quienes son amables con ellos (Mateo 5:46-47). ¿Es el líder abnegado, glorifica a Dios o se señala a sí mismo?

En cuanto a los frutos del ministerio, ¿está el líder cumpliendo realmente lo que Jesús le encomendó? Jesús instruyó a sus discípulos: "Y yendo, prediquen, diciendo: El reino de los cielos se ha acercado. Sanen enfermos, limpien leprosos, resuciten muertos, expulsen demonios. De gracia recibisteis, dad de gracia" (Mateo 10:7-8).

¿Predica el líder que el reino de los cielos está cerca? Esto incluye decirles a las personas no solo que Jesús pagó el precio para salvarlas del infierno al morir, sino también que pueden ser liberadas del dominio del diablo ahora. Eso significa decirles que el poder de Dios está disponible para sanarlas y liberarlas ahora. Significa no tener miedo ni vergüenza de hablar sobre la realidad de los demonios y enseñar que Jesús puede liberar a las personas de cualquier poder demoníaco. Significa enseñar sobre el reino de Dios, que incluye el fundamento de los apóstoles y profetas, con Cristo Jesús como la piedra angular (Efesios 2:20). Significa explicar que sabrás con certeza que el reino de Dios ha llegado cuando experimentes o presencies la expulsión de demonios. Jesús dijo: "Si yo expulso los demonios por el dedo de Dios, entonces el reino de Dios ha llegado a ustedes" (Lucas 11:20).

¿Se está sanando a los enfermos y liberando a los oprimidos? Discernirás si estos frutos son evidentes a través de los testimonios de las personas, no a través de manifestaciones. Cuando hay muchos testimonios, sabrás que las manifestaciones son, en efecto, el poder de Dios que hace temblar a los demonios y toca a las personas con tanta fuerza que hay reacciones físicas a lo que sucede en el espíritu.

¿Se están salvando las personas y se están entregando verdaderamente? ¿O se hace más hincapié en la cantidad de manos que se levantan después de un llamado al altar? ¿Se están transformando realmente las vidas de las personas porque han experimentado el poder de Dios? ¿Se están pareciendo más a Jesús? Cuando escuchas las enseñanzas del ministerio, ¿te transformas espiritualmente? ¿Has visto cambios en tu vida y la destrucción de yugos, si fuera necesario? ¿El ministerio te ha ayudado a acercarte más a Dios y te ha abierto los ojos espirituales? ¿Has sido equipado para la victoria espiritual sobre el enemigo? Si es así, ¡estás experimentando verdaderos frutos! Es la unción la que revela el amor de Dios, trae transformación, abre los ojos espirituales y nos equipa para la victoria. Así es como sabrás si hay buen fruto o no.

En cuanto a los ministerios ungidos y que dan buen fruto, ¿cómo sabes exactamente en cuál debes ser plantado? El Espíritu Santo te hablará y te dará confirmaciones. Si la visión y la misión del ministerio te entusiasman y te apasionan, es señal de que es ahí donde debes plantarte. Además, puedes sentir una conexión y paz inexplicables con cierto ministerio ungido: la certeza de que es ahí donde Dios te llama a ser plantado.

Cuando la guerra espiritual intenta evitar que te plantes allí, eso debería ser una confirmación más que desánimo. El diablo conoce el poder de ser plantado exactamente donde Dios te llama. Sabe que causarás la mayor destrucción a su reino cuando seas plantado en la iglesia donde Dios te ha destinado.

Por favor, entiende que la iglesia donde Dios te llama a plantarte no tiene que estar en la ciudad o el país donde vives. Plantarte es un principio espiritual, no físico. Puedes recibir equipamiento, impartición y protección espiritual escuchando y recibiendo en línea, así como en persona. Dicho esto, es fundamental viajar y asistir a eventos o servicios en persona, conforme a la guía de Dios, y con la mayor frecuencia posible cuando la provisión lo permita.

Mientras escribo esto, apenas estamos en las etapas iniciales de este avivamiento de los últimos tiempos. En esta etapa, la unción, el vino nuevo y las iglesias ungidas son escasos. Por lo tanto, Dios está convocando a muchas personas a que se planten en una iglesia ungida que no esté en su ciudad o nación, porque es importante ser plantado en la iglesia correcta. La "mejor" iglesia de tu ciudad no es suficiente. Debe ser una congregación verdaderamente ungida y la iglesia adecuada para ti.

Las personas plantadas en 5F Church provienen de más de 150 naciones (¡muchas plantadas virtualmente que se conectan en línea!). Miles de personas en diferentes países han testificado que han sido equipadas, sanadas y liberadas a través de este ministerio. Han crecido espiritualmente, han recibido impartición y se han acercado más a Jesús.

Fueron protegidos y ahora caminan en victoria sobre el enemigo. Las personas que han sido plantadas desde lejos han sido bendecidas y tocadas por Dios tanto como quienes viven en Los Ángeles, donde se encuentra 5F Church. Cada semana, las personas dan testimonio de todo tipo de milagros y encuentros con Dios que han experimentado a través de la pantalla al ver transmisiones en vivo, repeticiones y otros videos de 5F Church en línea. ¡Toda la gloria sea para Dios! Comparto este testimonio sobre 5F Church para darles un ejemplo de uno de los lugares alrededor del mundo donde Dios está obrando con un poder ilimitado. Es importante saber cuán poderosamente está operando

Dios para que no se limiten y permanezcan en un lugar donde no reciben alimento ni sanidad espiritual.

Cómo ser plantado

Ser plantado no es simplemente asistir a una sola iglesia una semana tras otra. Implica ser un verdadero discípulo. "Entonces Jesús dijo a sus discípulos: 'Si alguno de ustedes quiere ser mi seguidor, debe dejar su propio camino, tomar su cruz y seguirme'" (Mateo 16:24 NTV). *¡Debes dejar tu propia manera de hacer las cosas!* Debes renunciar a tu vino viejo, a tus antiguas costumbres religiosas. Debes humillarte y ser como un niño dócil para que Dios pueda infundir en ti el vino nuevo y enseñarte cosas nuevas.

Esto aplica a todos, incluyendo a quienes han sido creyentes durante muchos años o incluso ministros. Necesitas abandonar tu visión y aceptar la del ministerio en el que estás plantado. Humíllate y prepárate para desechar la doctrina errónea que creías correcta. Mantente abierto y listo para la corrección. Renuncia a tu propia manera de ser cristiano y de ejercer el ministerio y, en vez de eso, sigue las enseñanzas que se imparten donde estás plantado. Valora las enseñanzas y trátalas como el preciado tesoro y fuente de vida que son. Si es posible, no te pierdas ningún servicio dominical o entre semana ni ninguna transmisión en vivo. Medita en la Palabra, toma notas, vuelve a escucharla y aplícala intencionalmente en tu vida.

Otro aspecto de "ser plantado" es servir a Dios específicamente en el ministerio donde estás. Es importante contribuir a la obra de Dios, no solo recibir lo que Dios te da. Esto también es crucial para recibir la impartición, como lo ejemplificó Eliseo, que sirvió a su padre espiritual, Elías (1 Reyes 19:21). Si vives en la ciudad donde está tu iglesia, hay más oportunidades para servir. Sin embargo, si vives en una ciudad lejana, una manera de servir a los demás es hacer todo lo posible por compartir lo que Dios está haciendo en la iglesia. Usa tus redes sociales para la gloria de Dios y comparte publicaciones, videos, testimonios, milagros, sermones y momentos de predicación. Comparte también tu propio testimonio. Compártelo con tu familia, amigos, compañeros de trabajo y otras personas con las que te encuentres.

La última parte de ser plantado implica diezmar y sembrar.

> "Traigan íntegro el diezmo a la tesorería del Templo; así habrá alimento en mi casa. Pruébenme en esto —dice el Señor de los Ejércitos—, y vean si no abro las compuertas del cielo y derramo sobre ustedes bendición hasta que sobreabunde".
>
> —Malaquías 3:10

La palabra *alfolí*, en la actualidad, se refiere a la iglesia donde estás plantado. Tienes la responsabilidad de hacer tu parte para llevar el diezmo (el 10 % de tus ingresos) a donde te nutras espiritualmente. Cuando todos hacen su parte, habrá suficiente provisión para que la obra de Dios continúe y avance con excelencia. También es importante ser un dador generoso y alegre, dando más del 10 % cuando puedas.

Si te falta alguno de estos aspectos en cuanto a estar plantado en una iglesia, es porque no estás completamente arraigado. Dale prioridad a estar plantado en una iglesia donde Dios se mueva con poder, ¡y observa lo que sucede!

Capítulo 13

CÓMO MANTENER TU LIBERACIÓN: VALÓRALA

PROTEGES LO QUE valoras. Cuanto más aprecies algo, más te esforzarás por protegerlo. Cuando algo cuesta mucho dinero, pagas una gran cantidad para asegurarlo. Cuantos más objetos valiosos tengas en casa, mayores serán las medidas de seguridad que haz de tomar. Si llevas un objeto valioso contigo, ¿te das cuenta de cuánto más escrupuloso eres para garantizar que no se pierda en comparación con otros objetos?

Cuando se trata de mantener tu liberación y cualquier bendición que Dios te haya dado, debes valorar lo que recibiste o lo perderás. En este capítulo aprenderás exactamente cómo "agregar el seguro" y "establecer el sistema de seguridad" para tu libertad y todo lo que Dios te ha dado.

En el capítulo anterior aprendiste la conexión entre cómo mantener tu liberación y estar plantado. Debes proteger este preciado don de tu cobertura y fuente de alimento y guía espiritual. El diablo conoce el poder de estar plantado, por eso intentará que te desarraigues. Una de sus estratagemas para hacer esto es obrar a través de otras personas en la iglesia de forma que te hieran, lastimen, ofendan o te molesten. Para superar esta artimaña, necesitas entender que no existe una sola iglesia donde todos los miembros sean perfectos.

Es vital que puedas confiar en el liderazgo de la iglesia donde Dios te ha llamado a ser plantado, porque esa es una manera importante en que Dios te hablará, te guiará y te protegerá (Hebreos 13:17). Pero ciertamente no puedes esperar que todos o la mayoría de los creyentes en la iglesia sean espiritualmente maduros.

Cada uno se encuentra en una etapa diferente de su trayecto. Algunos son bebés en Cristo que acaban de llegar de la vida en el mundo. Otros son tibios. Y aun otros, aunque son la minoría, son lobos (Mateo 7:15). En toda iglesia hay unos que asisten y participan con malas intenciones. Y algunos, consciente o inconscientemente, están siendo utilizados por el enemigo para intentar alejar a la gente de la iglesia donde Dios ordenó que fueran plantados.

Si alguien en la iglesia te ha herido o si algo te ha ofendido, es muy importante que renueves tu mente con la verdad de lo que realmente está sucediendo en el ámbito espiritual y reconozcas que este ataque es diseñado para alejarte de donde estás plantado.

Renueva tu mente con la verdad de que la persona que te lastimó no representa el liderazgo de la iglesia. No te dejes engañar por esa trampa del enemigo. "La sabiduría del hombre produce paciencia; es gloria suya pasar por alto la ofensa" (Proverbios 19:11).

Dios no quiere que te ofendas. Cuando obedeces a Dios rechazas la tentación de ofender. Somos llamados a ser siervos y a "considerar a los demás como superiores" a nosotros mismos (Filipenses 2:3). Eso significa que no debemos sentirnos con derecho a recibir respeto. Guardar ofensas en el corazón es enfocarse en uno mismo, y eso es precisamente lo que el diablo quiere. Si te encuentras pensando en ofender a otra persona, recha eso para que puedas bendecirla y orar por ella. Si el dolor de los miembros de la iglesia te causa temor o te hace sentir menos motivado para asistir, renueva tu mente con la verdad de que esta es una estratagema del diablo para alejarte. Perdona a la persona y abre tu corazón a Dios mientras él te trae sanidad total para que tu paz y tu gozo sean restaurados.

"Porque donde esté vuestro tesoro, allí estará también vuestro corazón" (Mateo 6:21 RVR1960). Si no tomas la determinación, darás por sentadas tus bendiciones. Adopta el hábito de reflexionar regularmente sobre las bendiciones que Dios te ha dado y de agradecerle por ellas. Puede que hayas recibido una poderosa liberación, sanidad y transformación en la iglesia donde estás plantado. Puede que hayas recibido bendiciones significativas con el tiempo. Pero han pasado los años, y es fácil olvidar cómo era la vida antes de asistir a esa iglesia en particular. Si esta vida extraordinaria e inusual se ha vuelto normal y rutinaria para ti, renueva tu mente intencionalmente y recuerda cómo era la vida antes. Renueva tu mente recordando que tu vida es muy bendecida gracias a Jesús, y especialmente a él que se mueve a través de la iglesia donde estás plantado.

El diablo es descrito como "el acusador de nuestros hermanos" (Apocalipsis 12:10). Una de sus grandes estrategias es intentar que la gente abandone sus iglesias presentándoles falsas acusaciones contra los siervos de Dios y sus ministerios. Cuando escuches rumores sobre tu líder y su ministerio, es muy importante recordar que el diablo acusará falsamente a los verdaderos siervos de Dios y sus ministerios. Por lo tanto, no te apresures a creer todo lo que oigas.

Muchas personas que "exponen" con malicia a los ministros claramente tienen mal fruto. Por su forma de hablar, se nota que son críticos, religiosos (estancados en el vino añejo), orgullosos, celosos y odiosos. Si una persona exhibe estas cualidades, no está calificada para darte orientación espiritual. Incluso si alguien no parece tener mal fruto, considera quién es esa persona. ¿Te está llamando Dios a escucharla para recibir instrucción espiritual? En la mayoría de los casos, la respuesta es no. Mantente atento a esta estratagema del enemigo y actúa con sabiduría para no caer en la trampa del diablo, que intenta sacarte de la iglesia con falsas acusaciones.

Es fundamental valorar la verdadera unción que fluye en tu vida. Cuando estés bajo la unción y un siervo de Dios pronuncie una palabra sobre ti, como "Sé sano" o "Este espíritu debe irse", ¡valora esa palabra ungida! El centurión romano apreció a Jesús y la palabra que pronunció cuando buscaba la sanidad para su siervo. Sabía que con solo una palabra de Jesús, su siervo sanaría. La fe del centurión desencadenó el milagro (Mateo 8:5-13). Isaías 55:11 dice: "Así será mi palabra que sale de mi boca: no volverá a mí vacía, sino que hará lo que yo quiero, y prosperará en aquello para lo que la envié".

Cuando un siervo ungido de Dios habla, ¡lo que diga debe cumplirse! Muchas personas pierden sus milagros antes de que se manifiesten del ámbito espiritual al físico. Un siervo de Dios pronuncia palabras como "El cáncer debe irse" o "Este espíritu debe desaparecer", y quien las recibe las desestima por completo. Actúan como si las palabras no tuvieran poder. Empiezan a exigir oración individual. Al terminar el servicio, piden a muchas personas que oren por ellos. Se van de la iglesia pensando que no pasó nada.

Es una lástima, porque el milagro se liberó a través de la palabra, ¡pero no lo captaron! Cuando alguien te lanza una pelota, tienes que levantar los brazos y abrir las manos para atraparla. Si dejas los brazos a los costados, la pelota pasará por encima de tu cabeza o rebotará. Tuviste una oportunidad fácil para atrapar la pelota, pero la perdiste por completo. Lo mismo ocurre al recibir milagros en presencia de un siervo ungido de Dios. El siervo de Dios te está "lanzando" los milagros con sus palabras, pero debes levantar las manos y "atraparlos" para recibirlos.

La acción de "atrapar tu milagro" es lo mismo que creer y decidir valorar las palabras declaradas. Se están dando muchísimos testimonios de milagros en los ministerios de verdaderos siervos ungidos de Dios. Por ejemplo, en el mío, muchas personas han testificado que recibieron sus milagros simplemente viéndolos en línea desde cualquier parte del mundo, ¡sin que yo orara por ellos en persona! Entonces, si escuchas todos esos testimonios, ¿qué excusa tienes para no "atrapar" tu milagro? ¿Qué excusa tienes para no valorar las palabras declaradas? Si necesitas ayuda para creer en esto, te animo a que vayas a mi canal de YouTube y veas la lista de reproducción de testimonios (@ApostleKathrynKrick).

Cuando las palabras son pronunciadas por un siervo ungido, los milagros vienen inmediatamente a tu vida espiritual. Para algunos, los milagros se manifiestan en el mundo físico al instante. Para otros, esto puede requerir tiempo.

> Un día, siguiendo su viaje a Jerusalén, Jesús pasaba por Samaria y Galilea. Cuando estaba por entrar en un pueblo, salieron a su encuentro diez hombres que tenían enferma la piel. Como se habían quedado a cierta distancia, gritaron:
>
> —¡Jesús, Maestro, ten compasión de nosotros!
>
> Al verlos, les dijo:
>
> —Vayan a presentarse a los sacerdotes.

> Resultó que, mientras iban de camino, quedaron limpios.
>
> —Lucas 17:11-14

Una vez que hayas recibido la palabra declarada, procura tomar medidas de inmediato para mantener tu milagro. Necesitas resguardar el milagro que actualmente no se ve para asegurarte de que no se aborte antes de que tenga la oportunidad de manifestarse en el mundo físico. Lo resguardas recibiendo el milagro en tu corazón por fe y diciendo en voz alta: "Recibo mi sanidad", "Recibo esa palabra" o "¡Creo que estoy sano!".

Además, dale gracias a Dios inmediatamente. Puedes orar algo como lo siguiente:

> *¡Gracias, Jesús, por liberarme! Creo que eso acaba de suceder en el ámbito espiritual cuando tu siervo declaró la palabra. Creo que pronto lo veré manifestarse en el ámbito físico. ¡Gracias por tu unción que me acaba de sanar!*

Sigue declarando que estás sano y sigue agradeciendo a Jesús hasta que veas el milagro manifestarse plenamente. Una vez que el milagro se haya manifestado bien, sigue agradeciendo a Dios por esta bendición.

Si no ves el milagro manifestarse de inmediato, el enemigo puede intentar atacar tu mente con pensamientos de duda como estos: "No pasó nada"; "No tienes suficiente fe"; "Tu caso es desesperado"; "No sentiste nada, así que no debe haber pasado nada" (especialmente cuando otros sienten cosas, retroceden o lloran); o "Debes necesitar oración individual". Si te atacan estos pensamientos, renueva tu mente, recordando que es el diablo mintiéndote, intentando robarte el milagro que Jesús acaba de obrar. Debes entrar en modo guerrero y proteger con fervor este precioso milagro que has recibido de Jesús.

La manera de proteger el milagro de este ataque es sometiéndote a la verdad de Dios, resistiendo al diablo y rechazando sus mentiras con tus palabras (Santiago 4:7). Declara algo como esto: "Rechazo la mentira de que no soy libre ni estoy sano. Acabo de ser liberado o sanado, y pronto veré el milagro manifestarse plenamente. Valoro este milagro que Dios acaba de revelarme. ¡Gracias, Jesús, por sanarme!". Es posible que el diablo repita esas mentiras repetidamente. Debes estar alerta y seguir rechazándolo, declarando la verdad y agradeciendo a Dios. Si sigues resistiendo al diablo y sometiéndote a la verdad de Dios, el diablo huirá y verás la victoria. ¡Verás el milagro manifestarse!

LA MAYOR ARTIMAÑA PARA ROBARTE LA LIBERTAD

La estrategia más común del enemigo para robarte la libertad es hacerte creer que los demonios han regresado o convencerte de que no hubo liberación. Una vez liberado de la opresión demoníaca, los demonios que estaban dentro (tu alma o cuerpo) ya no están. Ya no estás oprimido por las cadenas demoníacas. Sin embargo, no eres liberado de una guerra espiritual. El diablo no desaparece por completo. Nadie está libre de vivir en una guerra espiritual hasta que vayamos al cielo. Pero ahora que eres libre, puedes emprender tu carrera sin pesadas cadenas atadas a tus tobillos. Ahora nada te impide obtener una victoria constante.

> Sin embargo, en todo esto somos más que vencedores por medio de aquel que nos amó.
>
> —Romanos 8:37

Antes de ser liberado, sinceramente, no contabas con un "triunfo abrumador" porque el diablo tenía un área de victoria en tu vida. Pero ahora que eres libre, Jesús te ha convertido en un campeón constante que conquista batalla tras batalla y obtiene una victoria aplastante. Esto es parte de tu herencia como hijo de Dios y una promesa divina. Mientras le obedezcas y tengas fe con obras (es decir, fe en acción; ver Santiago 2:14), tendrás una victoria aplastante, porque "mayor es el que está en vosotros [Jesús], que el que está en el mundo [el diablo]" (1 Juan 4:4 RVR1960).

El diablo puede atacarte con mentiras, diciendo que no eres libre o que los demonios han regresado. Estas mentiras pueden parecerte iguales a las que te lanzó cuando estabas oprimido en el pasado. Pero, en realidad, son diferentes. Son ataques espirituales externos, no demonios internos. Son armas forjadas contra ti, y puedes impedir que prosperen simplemente sometiéndote a la verdad de Dios mientras renuevas tu mente y resistes las mentiras del diablo.

> Queridos amigos, no se sorprendan de las pruebas de fuego por las que están atravesando, como si algo extraño les sucediera.
>
> —1 PEDRO 4:12 NTV

¡Dios permite que el diablo te ataque, a veces, con un propósito! Siempre hay un fin, que es para tu bien. "Ustedes pensaron hacerme daño, pero Dios lo transformó en bien, para lograr lo que ahora se está haciendo: salvar muchas vidas" (Génesis 50:20). Dios permite los ataques del enemigo cuando sabe que puede usarlos como fuego purificador que fortalezca tu fe y moldee tu carácter con el fin de que seas más piadoso. Dios quiere usarte para salvar a las almas perdidas, oprimidas y enfermas de esta tierra. Eso solo puede suceder si te lleva a través del fuego purificador para convertirte en un vaso puro que pueda administrar adecuadamente la unción que él quiere liberar en ti.

Si el enemigo te ataca mintiéndote sobre tu liberación, debes saber que Dios está probando tu fe. Él quiere que tu fe se fortalezca. "Sin fe es imposible agradar a Dios" (Hebreos 11:6). Solo puedes agradar a Dios si tienes fe, y cuanta más fe tengas, más podrá Dios obrar a través de ti; que es lo que más le agrada.

Los ataques que el diablo puede lanzar externamente pueden imitar la opresión demoníaca que sufriste, pero debes reconocer que todo es una mentira, una fachada. Si te mantienes firme en tu fe y rechazas las mentiras del diablo, *¡él debe huir!* ¡Los ataques tienen que cesar!

Estos son algunos ejemplos de cómo el diablo puede imitar la opresión demoníaca. Quizás hayas sufrido tormento mental en el pasado, como pensamientos suicidas u otras voces demoníacas. No importa cuántas veces hayas rechazado las mentiras, no pararán hasta que recibas liberación. Una vez liberado, y después de un tiempo, el diablo puede decir estas mismas mentiras externamente, y puedes sentirlas exactamente igual que cuando sufrías la opresión demoníaca. Pero esta vez, al rechazar las voces, estas deben cesar. En algunos casos, las voces pueden no detenerse de inmediato, pero debes seguir rechazándolas. Con el tiempo, se irán.

Si fuiste sanado de una enfermedad, el diablo puede intentar simularla para hacerte creer que estás enfermo de nuevo. Podrías experimentar dolor o síntomas. Debes saber que esta es un arma espiritual que no debes permitir que prospere y se convierta en una enfermedad real otra vez. El diablo puede venir de muchas maneras engañosas. Mi padre espiritual me contó la historia de un hombre que llegó a su iglesia y fue sanado de una enfermedad, y luego fue a hacerse una radiografía. Esta mostró algo muy mal, como si la enfermedad persistiera o algo peor. Al hombre le tomaron otra radiografía en otro hospital, ¡y esa vez no mostró ningún padecimiento! Resulta que la primera radiografía tenía un objeto bloqueando la cámara que hacía parecer que tenía algo dentro del cuerpo.

El diablo puede usar todo tipo de trucos para intentar engañarte y hacerte creer que la enfermedad o la opresión ha regresado. Debes estar consciente de estas artimañas y recordar la realidad de tu milagro. Recuerda también que, por ser hijo de Dios, ¡al diablo no se le permite robar lo que Dios te ha dado! "Por tanto, mis queridos hermanos, manténganse firmes. Que nada los conmueva" (1 Corintios 15:58). Y, finalmente, "pelea la buena batalla de la fe [en la lucha contra el mal]" (1 Timoteo 6:12).

Es fundamental que rechaces estas mentiras del diablo. De lo contrario, si dices cosas como "Supongo que no sané realmente" o "Supongo que los demonios regresaron", estás abriendo la puerta para que el enemigo recupere la enfermedad o la opresión. Es lo opuesto a resistir el arma que se ha formado contra ti. Al decir estas palabras, podrías estar permitiendo que el arma prospere.

Las falsas manifestaciones demoníacas

> Como piensa en su corazón, así es él.
>
> —Proverbios 23:7

La mente es muy poderosa. Lo que elijas meditar y creer se convertirá en tu realidad. Actuarás según tus pensamientos. Si piensas constantemente: "No soy inteligente", nunca te desafiarás ni intentarás nada difícil. Si tienes esta mentalidad, nunca conocerás tu potencial y vivirás con un nivel intelectual inferior, aceptando una carrera y una vida de mediocridad, quizás incluso de pobreza. Todo esto será resultado de lo que optes por creer y meditar. Por el contrario, si meditas constantemente en las palabras y las promesas de Dios, verás que todas ellas se cumplen.

El diablo induce a algunos a pensar que necesitan más liberación cuando ya son libres. Dios libera a algunas personas capa por capa, poco a poco. Cuanto más compleja es la opresión, a menudo más tiempo lleva el proceso de liberación completa. Sin embargo, cuando una persona es plantada donde se libera una unción de alto nivel, se entrega y usa todas las llaves para recibir liberación completa, no debería necesitar una liberación excesiva después de meses o un año de ser un discípulo serio y formal.

Si una persona ha pasado por diferentes niveles de liberación y es completamente libre, el diablo quiere que siga buscándola, pensando que sigue atrapada. Es como la analogía de un animal que está atado a un poste y su dueño le corta la cuerda. El animal es libre de salir del lugar donde estuvo atrapado por tanto tiempo. Pero como no es consciente de su libertad y de que puede salir, permanece en ese mismo lugar. Esto es lo que el enemigo intenta hacer en la vida de algunas personas. No quiere que avancen ni cumplan sus propósitos. No quiere que vayan de gloria en gloria ni que anden en abundancia, porque eso glorifica a Dios y avergüenza al diablo.

Algunas personas están esclavizadas por sus propios pensamientos, influenciadas por el diablo. De hecho, pueden fingir una manifestación porque la mente es muy poderosa. Por ejemplo, si el diablo convence a una persona liberada de que todavía tiene demonios y le trae un pensamiento (externo) como este: "El demonio está intentando salir de tu garganta ahora", la persona puede empezar a toser. O si el diablo envía otro pensamiento que sugiera: "El demonio está tratando de salir y grita", la persona puede empezar a gritar. Pero eso está completamente en su mente. Su mente hizo que su cuerpo hiciera cosas drásticas.

He visto esta estratagema del enemigo mientras ministro. Una vez, Dios me reveló proféticamente lo que estaba sucediendo y me guio a decirle a la persona (que estaba fingiendo manifestaciones) lo que estaba sucediendo en el ámbito espiritual. Cada vez que le decía que efectivamente era libre y que el diablo solo le mentía, las manifestaciones falsas cesaban. La persona no volvió a fingir la manifestación hasta que finalmente pudo seguir adelante. Eso le permitió a la persona vivir en abundancia y ser una herramienta poderosa en las manos de Dios, contribuyendo a su obra en vez de quedarse estancado.

> Si permanecen en mi palabra, serán verdaderamente mis discípulos; conocerán la verdad, y la verdad los hará libres.
>
> —Juan 8:31-32 RVR1960

Si el diablo trae falsas manifestaciones y pensamientos de opresión del pasado, obtendrás la victoria poniendo en práctica lo que compartí en el capítulo 11: Llénate a diario leyendo la Palabra de Dios y buscando una relación con Jesús. Sigue declarando: "¡Soy libre! Gracias, Jesús, por liberarme". Sigue rechazando las mentiras del diablo.

¿Cómo sabrás si eres completamente libre o necesitas más liberación? Aplica y valora cuidadosamente todas las claves que se presentan en este libro para abrir y recibir la liberación completa. Sé un verdadero discípulo de lo que he enseñado aquí. Aplica todo lo que he enseñado y, simplemente, descansa. No te obsesiones con buscar la liberación, como desear manifestarte para poder orar individualmente. Este tipo de obsesión, en lugar de buscar a Jesús y confiar en su tiempo, puede ser una puerta abierta para que el diablo te engañe y te haga creer que aún tienes más demonios. Mientras descanses en Jesús, confíes en su tiempo perfecto para que se manifiesten plenamente los milagros y sigas siendo obediente los principios que he compartido en este libro, serás completamente libre.

Testificar

> Y ellos lo vencieron por medio de la sangre del Cordero y de la palabra del testimonio de ellos.
>
> —Apocalipsis 12:11 RVR1960

¡Cuando testificas, vences al diablo! Este es un principio espiritual. Es una de las claves sobrenaturales para vencer los ataques del diablo que intentan robarte tu milagro, y tiene que ver con el poder de tus palabras. Al testificar, consolidas lo que sucedió en el ámbito espiritual. Es la acción que representa recibir el milagro y decir: "Esto es mío, y lo guardo".

Además, todos los beneficios de Jesús vienen cuando te entregas a él, lo obedeces y le das gloria. Si no haces una o todas estas cosas, le estás abriendo una puerta al enemigo. Cuando Dios obra un milagro por ti, es fundamental que le des toda la gloria agradeciéndole personalmente y compartiendo tu testimonio.

"El testimonio de Jesús es el espíritu que inspira la profecía" (Apocalipsis 19:10). Cuando testificas de lo que Jesús ha hecho en tu vida, liberas un "espíritu de profecía" que se apodera de quien te escucha, y esto eleva su fe de forma sobrenatural. Al testificar, profetizas el mismo milagro y otros prodigios que sucederán a quien te escuche. ¡Tu testimonio es muy poderoso! Dios quiere obrar muchos milagros a través de él.

¿Valoras a Jesús? ¿Aprecias lo que hizo por ti? ¿Quieres agradar a Jesús testificando para que otros puedan recibirlo, lo cual a su vez lo glorifica? Si la respuesta es sí, ¡no reprimas tu testimonio! ¿Valoras la unción que destruyó el yugo en tu vida? ¡Entonces testifica! Hay mucho escepticismo y persecución en cuanto a los siervos ungidos de Dios, por lo que muchas personas permanecen atadas y enfermas. Tu testimonio es necesario para abrir los ojos de las personas y que puedan ver que la unción de Jesús es real, ¡y así puedan ser liberados y sanados!

No te sientas presionado a testificar públicamente de cada milagro que Dios hace por ti cada día, pero asegúrate de testificar cuando él te libere, te sane o realice otros milagros importantes. No te avergüences de cómo ni dónde recibiste tu milagro. El instrumento que Dios usó para sanarte o liberarte puede ser controversial y objeto de odio por parte de otros. Cualquiera que sea ungido será, sin duda, controversial y odiado, tal como lo fue Jesús (Juan 15:18-25).

Sé valiente y no te avergüences de Dios ni de todos sus caminos. No te avergüences de cómo usa sus instrumentos ungidos, especialmente aquellos que se consideran "débiles" e "insensatos". No te avergüences de la unción que te libera, pero que también incomoda a los religiosos. No te avergüences de que necesitabas un libertador y que Jesús te salvó y te liberó. No adaptes tu testimonio a fin de que sea más cómodo para los demás. Informa dónde recibiste tu milagro y cómo sucedió para que otros sepan cómo y dónde encontrar el poder de Dios, tal como tú lo has hecho. La Biblia dice que hay que honrar a quien se debe (Romanos 13:7). Es importante honrar a los siervos de Dios y dar testimonio del fruto de su ministerio para que la obra de Dios se propague más y más a través de él.

SIEMBRA UNA SEMILLA DE GRATITUD

Una vez que hayas sido liberado, es sabio dar gracias a Dios con sacrificio. Ser liberado es una gran obra que Dios ha hecho. Es esencial mostrarle la debida gratitud, no solo con palabras, sino también con acciones. La liberación y la sanidad son regalos gratuitos de Dios. Sin embargo, no debemos considerarlos insignificantes. Sembrar es un paso que te llevará a valorar más tu liberación, ya que estás invirtiendo un tesoro (dinero) en agradecer a Dios.

Todo lo que siembras es verdaderamente una semilla y dará fruto. Hay una cosecha con cada semilla, incluso si siembras para Dios simplemente por obediencia o gratitud. Cuando siembras una semilla agradeciendo a Dios por tu liberación, puedes esperar una cosecha de mayor unción, específicamente para ayudarte a mantenerla. Si estás plantado donde está la unción, estás cubierto y protegido. Pero a veces, es sabio sembrar en la unción para cosechar mayor unción y mayor protección, sobre todo si el enemigo ha lanzado un ataque. Al sembrar, recibirás más unción que te fortalecerá espiritualmente para que puedas triunfar sobre cualquier artimaña del enemigo en su intento por regresar.

EL PODER DE LA PACIENCIA

El último principio de sabiduría que compartiré sobre cómo mantener tu liberación es que debes ser paciente y humilde en tu camino hacia la liberación.

Debes hacer tu parte constantemente aplicando los principios espirituales que he descrito. Sé un buen soldado cuando pelees la buena batalla de la fe. Si la sientes intensa al inicio, recuerda que es porque el enemigo está furioso, ¡pero también recuerda que él es un perdedor! La parte difícil de tu camino no durará para siempre. Quizás todavía estés cerca de las costas de Egipto, pero cada día te alejas más de ellas. Con cada día que triunfes sobre el enemigo, creces en el reino espiritual.

Recuerda que cada vez que rechazas las mentiras del diablo, Dios ve eso y se enorgullece mucho de ti. Él está contigo, ayudándote, fortaleciéndote y animándote. Renueva siempre tu mente para que veas el amor de Dios por ti. Su amor es tu fuente de fortaleza en la batalla. Apóyate en su amor viendo que te permite acceder a su poder, el inmenso poder que trae la victoria.

El tiempo que Dios tiene para manifestar la liberación y sanidad total es diferente para cada persona. A veces puede parecer que te demoras en llegar a la tierra prometida, pero eso se debe a que él está más interesado en la transformación de tu corazón que en una solución rápida. Confía en él. Simplemente sigue haciendo lo que te ha instruido a través de este libro y verás cada vez más progresos cada día hasta que descubras que toda la esclavitud ha desaparecido por completo.

> Así que, si el Hijo te libera, serás verdaderamente libre.
>
> —Juan 8:36

Permíteme que te diga lo siguiente acerca de ti:

Declaro que ningún demonio puede volver a ti. Libero esta unción y te declaro protección. Declaro que tu mente estará sana y en paz. Que crezcas en sabiduría ahora y cada día. Que tengas victoria tras victoria sobre el diablo cada día. Que el diablo nunca te engañe. Que puedas ver espiritualmente y discernir cada artimaña y cada ataque del diablo. Que conquistes cada batalla y obtengas una victoria aplastante.

Capítulo 11

CONCEPTOS ERRÓNEOS COMUNES SOBRE LA LIBERACIÓN

AHORA QUE HAS recibido liberación y has aprendido a mantener tu libertad, te daré más información sobre el ámbito espiritual para que te equipes completamente a fin de que lleves una vida victoriosa y camines con la confianza divina. En este último capítulo, abordaré algunas preguntas comunes que puedas tener sobre la liberación y los conceptos erróneos al respecto.

SI NECESITO LIBERACIÓN, ¿DEBERÍA AYUNAR?

Muchos ven el ayuno como un método para recibir algo de Dios o para volverse más espirituales. Es cierto que el ayuno puede ayudarte a negar tu carne y fortalecer tu espíritu, pero esto solo ocurre cuando es guiado por el Espíritu. No practiques el ayuno tradicional, basado en el vino viejo y la religión. Tampoco debes ayunar de forma manipuladora, negociando con Dios para que te dé algo a cambio.

El propósito principal del ayuno es negar el predominio de tu carne en momentos de fuerte tentación para que tu cuerpo se someta y tu espíritu se eleve. Dios te instará a ayunar —a negar tu carne— principalmente en el área donde esta es fuerte.

Muchas personas ayunan aunque sus tentaciones más fuertes no sean comer en exceso, sino estar en las redes sociales durante muchas horas, por ejemplo. En este caso, la manera sabia de ayunar sería abstenerse de usar las redes sociales por un tiempo.

El tiempo de ayuno debe ser guiado por el Espíritu. No tiene que ser de cuarenta días ni algo drástico. A veces puede ser solo medio día. (Si ayunas en cuanto a las redes sociales, asegúrate de no abstenerte de tu alimento espiritual: la transmisión en vivo o la repetición de algún servicio de la iglesia. Una vez que termine el servicio, puedes salir inmediatamente de la plataforma de redes sociales).

> Un día se acercaron los discípulos de Juan y le preguntaron:
>
> —¿Cómo es que nosotros y los fariseos ayunamos, pero no así tus discípulos?
>
> Jesús contestó:
>
> —¿Acaso pueden estar de luto los invitados del novio mientras él está con ellos? Llegará el día en que se les quitará el novio; entonces sí ayunarán. Nadie remienda un vestido viejo con un retazo de tela nueva, porque el remiendo fruncirá el vestido y la rotura se hará peor. Ni tampoco se echa vino nuevo en recipientes de cuero viejo. De hacerlo así, se reventará el cuero, se derramará el vino y los recipientes se arruinarán. Más bien, el vino nuevo se echa en recipientes de cuero nuevo y así ambos se conservan.
>
> —Mateo 9:14-17

Los fariseos y los discípulos de Juan el Bautista ayunaban conforme a la costumbre religiosa del vino viejo. Jesús no les exigió a sus discípulos que ayunaran mientras estaba con ellos, ya que era tiempo de que se ocuparan en la obra de Dios. Dios no tenía un propósito para que ayunaran en ese momento. Más bien, los guiaba a enfocarse en otras maneras de negar la carne y crecer espiritualmente durante ese tiempo específico.

En este pasaje, Jesús comparte una nueva revelación sobre cómo ayunar, guiados por el Espíritu, no por la religión y la tradición. Para recibir y comprender esta nueva revelación, las personas necesitaban humillarse y despojarse de sus odres viejos: sus antiguas doctrinas y formas de interpretar la Palabra.

Puede haber momentos en que Dios te lleve a comer comida rápida, incluso si no eres tentado a ser glotón. Cuando tu ayuno es guiado por el Espíritu, el acto de negar tu carne hace que tu espíritu se eleve y tu carne se someta. Por ejemplo, Jesús ayunó durante cuarenta días. Cuando el Espíritu Santo lo guio a ser tentado en el desierto.

Si una persona sufre una severa opresión demoníaca por haberle dado al diablo muchas oportunidades, es prudente ayunar antes de asistir a un servicio (presencial o en línea) donde se liberará la unción, ya que el ayuno debilita el control de los demonios. Aun así, este tipo de ayuno siempre debe ser dirigido por el Espíritu. Esta instrucción de ayunar antes de ir a recibir liberación no es para todos los creyentes. Pero si sientes la guía del Espíritu o sabes que sufres de una profunda opresión, definitivamente ayuna antes de someterte a la unción.

¿Necesita un ministro ayunar y orar para expulsar demonios fuertes?

> Cuando llegaron al gentío, vino a él un hombre que se arrodilló delante de él, diciendo: Señor, ten misericordia

> de mi hijo, que es lunático, y padece muchísimo; porque muchas veces cae en el fuego, y muchas en el agua. Y lo he traído a tus discípulos, pero no le han podido sanar. Respondiendo Jesús, dijo: ¡Oh generación incrédula y perversa! ¿Hasta cuándo he de estar con vosotros? ¿Hasta cuándo os he de soportar? Traédmelo acá. Y reprendió Jesús al demonio, el cual salió del muchacho, y este quedó sano desde aquella hora. Viniendo entonces los discípulos a Jesús, aparte, dijeron: ¿Por qué nosotros no pudimos echarlo fuera? Jesús les dijo: Por vuestra poca fe; porque de cierto os digo, que si tuviereis fe como un grano de mostaza, diréis a este monte: Pásate de aquí allá, y se pasará; y nada os será imposible. Pero este género no sale sino con oración y ayuno.
>
> —Mateo 17:14-21 RVR1960

En esta historia, Jesús no le dijo al padre que trajera al niño de vuelta después de haber ayunado y orado para poder expulsar al demonio. Sin embargo, mucha gente piensa que eso es lo que dice esta escritura, como si se necesitara un ritual para expulsar a algunos demonios.

Cuando Jesús se refiere a la "oración y el ayuno" aquí, no sugiere que si oras durante tantas horas seguidas recibirás más unción para expulsar demonios. Recuerda lo que enseñé sobre la oración en el capítulo 11. Dios te ve acercándote genuinamente a él y participando en oración e intimidad sinceras al incluirlo a lo largo del día. Tienes una verdadera relación con él cuando cultivas un sano temor de Dios, lo respetas de manera profunda y le obedeces continuamente para llegar a su corazón. Cuando este tipo de oración e intimidad sinceras están presentes, Dios ve que puede confiarte más unción y luego derrama niveles más altos de ella para tratar casos demoníacos de alto nivel. (Esto también depende de tu llamado, ya que no todos son llamados a expulsar demonios de alto nivel).

Como mencioné anteriormente, el propósito principal del ayuno es doblegar tu carne en el área donde es fuerte. Por lo tanto, si no estás negando tu carne donde es fuerte, estás siendo carnal y no eres espiritualmente maduro. En este caso, Dios no derramará más unción hasta que te hayas rendido y tomes en serio tu vida espiritual. En realidad, lo que Jesús quiso expresar al decir: "Este género [de demonios] no sale sino con oración y ayuno" es que los discípulos debían ser menos carnales y más serios en su entrega, obediencia y andar diario con Dios. Entonces Dios podría confiarles más unción.

¿Necesita un ministro decir palabras específicas para expulsar demonios?

No importa qué palabras se usen para expulsar demonios. Lo que cuenta es que el siervo de Dios esté verdaderamente ungido y tenga autoridad sobre el demonio. Es crucial que el siervo de Dios ejerza su autoridad correctamente, a la manera del vino nuevo, no a la forma religiosa y tradicional del vino viejo.

Cuando los alumnos están haciendo ruido, el maestro puede decir: "Cállense", "Dejen de hacer ruido", "Basta", "Suficiente" o "A la cuenta de tres, mejor que no haya más ruido". O a veces, el maestro puede simplemente guardar silencio y mostrarse serio. La autoridad del maestro se ve y opera a medida que los chicos comprenden su posición y saben que deben ser obedientes. Las palabras exactas no importan. Lo que vale es que se ejerza la autoridad.

Esto también aplica en el ámbito espiritual. No es necesario decir: "Te ato", por ejemplo. Al expulsar a un demonio, la persona puede simplemente ordenarle que se vaya, sin decir palabras específicas de forma ritual. Decir: "Este espíritu demoníaco de ________________ debe irse", o "Todos los espíritus demoníacos deben irse... ahora", o "A la cuenta de tres, todos deben irse: uno, dos, tres", funciona de la misma manera.

Además, la frase *en el nombre de Jesús* significa que estás obrando y haciendo estas cosas por Jesús y para su gloria. Es bueno decir "en el nombre de Jesús", pero eso no tiene que ver con las palabras. Los demonios obedecen porque caminas con la verdadera autoridad que viene de Jesús. Y tiemblan porque saben con certeza que Jesús te ha enviado. Así que, a veces decir "Debes irte ahora" funciona tan bien como decirle "Vete, en el nombre de Jesús".

La cuestión es que no debes pensar que el proceso de expulsar demonios implica un ritual o algo específico que recites. Es la autoridad que tienes y con la que caminas lo que hace que los demonios se vayan.

¿Pueden los niños estar cerca de donde se expulsa a los demonios?

Sí, los niños pueden estar presentes cuando se expulsan demonios, ¡y deberían estarlo! Estar donde se expulsan demonios es el lugar más seguro del mundo. Cuando se expulsan demonios, ¡significa que el poder de Dios está presente! El poder de Dios libera no solo los milagros que necesitas para tu vida, sino que también genera protección para ti. El lugar más seguro en el cual estar es donde ocurre la entrega o la rendición. Las personas necesitan conocer a Jesús y, a menudo, necesitan experimentar su poder para poder entregarse a él. Estar en una reunión en la que la unción fluye y los demonios son expulsados te permite experimentar encuentros divinos con Dios que cambian tu vida para siempre. Estos encuentros suelen llevar a las personas a salir de la tibieza y a una entrega absoluta.

Los demonios son enviados por brujas y brujos cuando una persona abre una puerta a través del pecado. Por lo tanto, un demonio puede entrar en cualquier lugar físico, excepto en una iglesia donde reside el poder de Dios. Una persona puede recibir un demonio en la cama mientras se acuesta con alguien que no es su cónyuge. Una persona puede recibir un demonio en su casa mientras disfruta de la pornografía o una película de terror. Una persona puede recibir un demonio en un club mientras consume drogas. Es la apertura de la puerta espiritual la que permite la entrada al demonio. Cuando un demonio abandona a una persona, como en la iglesia, no se queda buscando adónde ir. Cuando un demonio es expulsado, regresa a quien lo envió (la bruja o el brujo). A veces, Dios guía a su siervo para que envíe al demonio al abismo del infierno. Pero los siervos de Dios no pueden enviar a todos los demonios al abismo. Según las leyes del reino espiritual, el diablo y los demonios no pueden ser eliminados en ese momento. Las personas tienen libre albedrío para tomar sus propias decisiones. Algunos individuos, con sus acciones, muestran que desean ser poseídos por demonios. Quieren entregarse a sus pecados o acceder a poderes demoníacos para obtener lo que anhelan.

Debido al libre albedrío y las decisiones de las personas, se permite la existencia de los demonios y que las brujas y los brujos los envíen. Como siervos de Dios, nuestra labor no es erradicar demonios, sino expulsarlos de las personas, de quienes desean a Jesús y todo lo que él ofrece. Nuestra labor no es forzar la liberación de quienes no la desean. He visto a muchos niños, desde bebés hasta adolescentes, recibir liberación. Los pequeños necesitan liberación tanto como los adultos. También he visto a muchos niños apasionarse por Jesús al presenciar la liberación o al recibirla ellos mismos.

> Jesús dijo: Dejad a los niños venir a mí, y no se lo impidáis; porque de los tales es el reino de los cielos.
>
> —Mateo 19:14 RVR1960

> Mas si por el dedo de Dios echo yo fuera los demonios, ciertamente el reino de Dios ha llegado a vosotros.
>
> —Lucas 11:20 RVR1960

Evitar que los niños estén en una iglesia donde se expulsan demonios es impedirles acercarse a Jesús y experimentar su reino. Debemos ser como niños para entrar en el reino de Dios. Los niños son por naturaleza enseñables y propensos a comprender los principios espirituales, porque ser como niños es la única manera de recibir las cosas del Espíritu. No tienes que preocuparte de que tu hijo se asuste cuando se manifiesten los demonios. Explícale el poder y la belleza de lo que Jesús está a punto de hacer antes de ir al servicio. Cuando este termine, conversen también sobre los milagros y liberaciones que presenciaron. Creo que quedarán maravillados por Jesús y su fe crecerá exponencialmente gracias a lo que vieron y sintieron. Al igual que todos nosotros, los niños necesitan presenciar el poder de Dios y experimentar el reino de los cielos en sus vidas.

Conclusión

En este momento, Dios ha abierto tus ojos espirituales y te ha revelado muchos misterios de su reino. ¡El tiempo en que el diablo permanecía oculto en tu vida ha terminado oficialmente! Estás equipado para ver espiritualmente y nunca más ser engañado por el enemigo. Él ya no puede traer opresión a tu vida. Con todo lo que has recibido en este libro, ahora es el momento de ir de gloria en gloria y enfocarte en ser lo que Dios te ha llamado a ser.

Ya no vivirás en carencia.

Ya no tendrás que distraerte con la opresión ni con el control del diablo sobre tu vida. ¡Eres libre! Has salido de lo negativo, y ahora es el momento de ir más allá de cero y entrar en lo positivo. ¡Es hora de vivir en abundancia!

Has sido liberado de la ansiedad y la depresión. Ahora es el momento de tener abundante paz y gozo.

Has sido liberado de los sueños demoníacos. Este es el momento de tener un sueño tranquilo y reparador.

Has sido liberado del insomnio y del cansancio constante. Ahora es el momento de tener energía y fuerza tanto sobrenaturales como abundantes.

Fuiste liberado de dolencias y sanado de enfermedades, y ahora es el momento de tener salud y energía cuantiosas.

Fuiste liberado de la condenación, y ahora es el momento de experimentar el amor de Dios por ti y tener intimidad con él cada día.

Fuiste liberado de la pobreza. Ahora es el momento de tener abundancia financiera para la gloria de Dios y para bendecir a otros, además de contribuir a la obra de Dios.

Fuiste liberado de muchas cosas que te han mantenido estancado e incapaz de prosperar en la vida y en tu llamado. ¡Ahora es el momento de vivir en abundancia y florecer!

Dios quiere usarte como un instrumento de su poder. Quiere derramar su unción en ti para poder hacer lo que le plazca a través de ti. Tu propósito es ser un instrumento de su poder. Solo así podrás cumplir plenamente con los aspectos de tu llamado específico. He escrito un libro titulado *El secreto de la unción*, que revela las claves para acceder a ella y vivir en medio de los milagros. En él, descubrirás lo que Dios busca en un "escogido" y qué hace de alguien un instrumento confiable. Una vez que recibas la unción, descubrirás cómo vivir en ella adecuadamente, administrarla y mantenerla. (Puedes encontrar ayuda adicional en mi curso electrónico "Viviendo en milagros" en enliven-media.org/walking-in-miracles).

Si quieres estar equipado para expulsar demonios y sanar enfermos, este libro que acabas de leer contiene muchas herramientas y claves útiles que te ayudarán en tu ministerio. Te animo a releerlo con una perspectiva diferente: la de ayudar a los demás. Las herramientas prácticas, las claves y los principios que se explican en esta obra, combinados con el conocimiento sobre cómo acceder a la unción, te convertirán en un discípulo confiable en el cuerpo de Cristo. Te animo a dar un paso adelante y comenzar a vivir tu llamado, recibiendo equipamiento e impartición al leer *El secreto de la unción*. Y te digo esto:

> *Declaro que esta unción vendrá sobre tu vida ahora y te llenará de abundante gozo y paz. Que vayas de gloria en gloria de ahora en adelante. Que camines en abundancia ahora. Que las bendiciones y los milagros fluyan constantemente hacia ti. Que nada te aparte de la voluntad de Dios. Que Dios te use para guiar a muchas personas a Jesús. ¡Que tu testimonio de liberación lleve a muchas personas a la libertad! Que nada te impida avanzar cada día y que nada te impida ser lo que Dios ideó que fueras: ¡un instrumento poderoso de Dios! ¡Es hora de unirte al ejército del avivamiento como un guerrero ungido de Dios!*

Capítulo 3: Cómo ocurre la opresión demoníaca

1. "Answers to Common Questions: Who Holds the Keys?," Proclaiming the Gospel, acceso el 10 de diciembre de 2024, https://www.proclaimingthegospel.org/page/articles.

Capítulo 6: Cómo activar la fe

1. "How Can Jesus and the Bible Both Be the Word of God?," Got Questions, acceso el 11 de diciembre de 2024, www.gotquestions.org/Jesus-Bible-Word-God.html.

Capítulo 7: Qué espanta definitivamente a los demonios

1. *Oxford Dictionary of English,* 3rd ed., s.v. "renounce," 2010, https://archive.org/details/oxforddictionary0000unse_a2v4/page/1504/mode/2up?view=theater.

Capítulo 8: La realidad de la brujería

1. Melissa Evans Persensky, "What Is Reiki? And Does It Actually Work?," Cleveland Clinic, 16 de julio de 2024, https://health.clevelandclinic.org/reiki.
2. Jennifer Heeren, "What Is 'Manifesting,' and Is It a Sin?," Crosswalk.com, 11 de julio de 2024, hwww.crosswalk.com/faith/spiritual-life/what-is-manifesting-and-is-it-christian.html.
3. Wikipedia, s.v. "yoga," última modificación el 13 de diciembre de 2024, 14:38, https://en.wikipedia.org/wiki/Yoga.
4. "Deepen Your Understanding of Yoga With These Important Reads," The Whole U, University of Washington, 11 de diciembre de 2023, https://thewholeu.uw.edu/2023/12/11/books-with-balance-6-great-yoga-and-meditation-reads/.
5. Jareb Nott, "Kundalini vs. Holy Spirit: Discerning the Deception of Demonic Practices," Destiny Image, 13 de junio de 2024, https://www.destinyimage.com/blog/jareb-nott-kundalini-vs-holy-spirit-discerning-the-deception-of-demonic-practices.

Acerca de la autora

KATHRYN KRICK ES la pastora principal de la congregación Five-Fold (5F) Church, en Los Ángeles, donde ocurren muchos milagros y las personas reciben impartición, sanidad, liberación y transformación por el poder de Dios. Cada semana, individuos de todo el mundo acuden allí con el objeto de encontrar a Dios en Five-Fold (5F) Church. Kathryn tiene una audiencia grande y en rápido crecimiento en YouTube, Facebook e Instagram, medios en los que miles de personas han recibido milagros al ver sus servicios en vivo y en sus videos en línea. Además, ella viaja por todo el mundo ministrando en eventos de avivamiento, en los que su mayor pasión es ver a las personas encontrar el poder de Dios y recibir la revelación de su amor. Kathryn reside en Los Ángeles. Descubre más acerca de ella y sobre la congregación 5F Church en:

5fchurch.org

apostlekathrynkrick.com

youtube.com/apostlekathrynkrick

facebook.com/apostlekathrynkrick

instagram.com/apostlekathrynkrick